通塾なしで開成合格！

中学受験
おうち勉強法

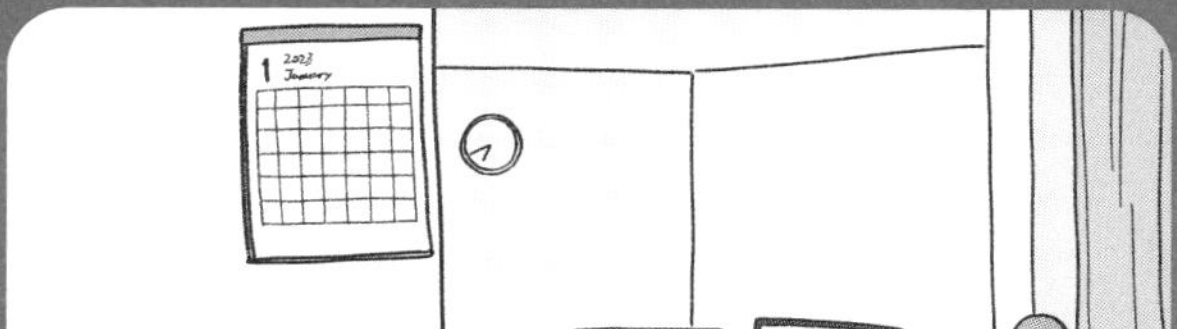

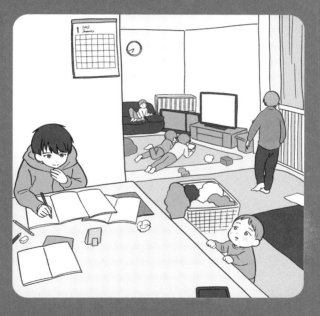

オトクサ 著　小日向えぴこ 漫画

Discover

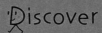

はじめに

8人きょうだいの長男、通塾なしで開成中学校に合格する

「8人きょうだい、通塾なし、開成中学校合格」

この組み合わせを聞いて、にわかには信じがたいと思われる方も多いでしょう。実際、私が中学受験ブログで発信を始めた当初、「塾なしは無謀」「8人きょうだいがいる環境で受験勉強なんて無理だ」という声をたくさんいただきました。

しかし、この本をお読みいただければわかるように、「8人きょうだい」「通塾なし」という環境の中、長男は都内の最難関と言われる開成中学校に合格しました。決してわが子に特別な才能や、親がつきっきりで見るような環境、潤沢な教

育費があったからできたわけではありません。むしろ、**限られた時間とお金の中で、家族の生活を大切にしながら、どうすれば効率的に中学受験に取り組めるのか**を考え抜いた結果なのです。

はじめまして、オトクサです。長男が小学5年生の年末（2021年12月）に開設し、中学受験挑戦の日々を発信しているブログ「オトクサのほったらかし受験」では、勉強の様子や模試の結果を隠すことなく公開してきました。

「子どもの成績を載せるなんて！」
「親につき合わされて子どもがかわいそう！」

時にはそんな批判を浴びることもありましたが、一方で、日々の成績の変化に一喜一憂し、勉強方法や問題集を参考にしてくれる受験生保護者からの応援も数多くいただきました。

長男の受験本番を描いた２０２３年の1月中旬から2月にかけては１００万ＰＶを大きく超える閲覧数となり、気がつけば数ある中学受験ブログの中でアクセスランキングが1位に（※にほんブログ村／中学受験カテゴリー）。そうなると、珍しい8人きょうだいです。いわゆる「身バレ」も起こり、道端で声をかけられる機会も増えました。

何年にも及ぶ中学受験において、時には「がんばらないことをがんばる」、そんな一般的な受験とは異なる視点での発信が、ブログの人気の理由のひとつなのかもしれません。

なぜなら、世の中に発信されている中学受験情報の中には、役立つアドバイスと同じくらい保護者を苦しめてしまうアドバイスも多くあるからです。

たとえば、

- 中学受験のプロによる「合格するには親は○○すべきだ」といった情報
- 受験終了組による「親の伴走・親の苦労がいい思い出だ」といったエピソード

こういった情報に触れすぎることで、「親子で困難を乗り越えるからこそ勝ち取れる合格があるんだ！」と錯覚してしまい、必要以上にがんばったり、悲観したりしてしまう保護者の方も多いようです。実際、多くの保護者が次のような不満や悩みを抱えているのではないでしょうか。

- 塾の送り迎えや宿題のフォローに時間を取られすぎている
- 家族との時間が減っていくことへの不満

- 塾に通っても思うように成績が上がらない
- 幼いきょうだいがいるため勉強に集中できない
- 高額な月謝や膨れ上がる受験費用など、教育費の負担

このように、中学受験期の親子が直面する課題は決して少なくありません。

本書では通塾なしで開成中学校に合格した8人きょうだいの長男の実例を基に、家族の時間も大切にしながら、コスト を抑え、効率的に受験に取り組む方法をお伝えします。

「通塾なし」「8人きょうだい」「開成合格」

……「わが家には共通点がないし、関係ないかな」

そう思いました？　そんなことはありませんよ。

子どもに志望校に合格してほしい！と思う気持ちは同じですよね？

さらに、

- 忙しくて勉強を見てあげる時間がないなぁ
- 受験で家族がピリピリするのはいやだなぁ
- なるべくお金をかけたくないなぁ

そんな気持ちもきっと同じですよね？

ブログでは、大家族の日常や日々の勉強についてあるがままに、だらだらと書いています。

一方、本書では、オトクサ家が実践してきた「通塾なしで難関校合格」の具体的な方法をお伝えします。

- 子どもを自走させるために、親が取り組んだことは何なのか

- 通塾なしでも合格を勝ち取った、その勉強方法に秘密はあるのか
- どのようなスケジュールを描いたのか
- どのような問題集をどれだけ解いたのか
- 家族の生活を犠牲にせず、最後まで家族円満で受験を乗り切れたコツとは？
- 中学受験の常識に振り回されないために、何を大切にしたのか

といった取り組み内容に加え、それぞれの判断に至った理由についてもお伝えします。理想論ではなく、実践に基づいたノウハウです。まだお子さんが小学校低学年で、これから中学受験に取り組もうとされている方はもちろん、すでに受験勉強を始めていたり、塾通いをしているけれど不満や悩みを抱えていたりするという方にも、新しい視点やヒントを見つけていただけるはずです。

ただし、私は中学受験のプロではありません。会社員として働きながら、8人

の子育てに奮闘する普通の父親です。だからこそ、**「限られた時間」「限られた予算」「限られた労力」の中で、自分の子どもに向き合い、最大限の効果を出すにはどうすれば良いのか。**そんな視点で取り組んだ中学受験です。

1万人の生徒を見た受験のプロや、中学受験の王道を歩んだ保護者の方には、「全然違うよ！」「そんな子いないよ！」と思われるかもしれませんが、オトクサが考え、家族で取り組んだ紛れもない事実を伝えていきます。

本書は次のような構成になっています。

第1章では、朝からオムツ替えを頼まれる長男、競馬場で遊びながら身につけた算数力など、ちょっと型破りな大家族の受験生活の始まりをお伝えします。

第2章では、子どもの「自走」とは何か、その本質と目指すべき方向性について、第3章では、その「自走」を実現するための8つの仕組みをご紹介します。

第4章では中学受験の「時間」と「お金」の節約術を、第5章では合格に役立った学習法Ｔｏｐ10を、第6章では中学受験の「常識」に対するオトクサ家なりの考え方をＱ＆Ａでお伝えします。
そして第7章では、開成中学校に逆転合格するまでの道のりを、実際の成績推移とともに描きます。また、時折入る妻（ママクサ）原作のマンガでは、わが家の日常の風景をお見せします。

ひとつお願いです。これはあくまでもオトクサ家の一例のため、実在の学校や塾、模試についての最新情報はご自身でご確認ください。

皆さんの子育てや親子での中学受験に対する発想の転換につながったり、「ナイスアイディア！」と取り入れてもらえたりしたら、こんなに嬉しいことはありません。

8人きょうだい10人家族・オトクサ家の面々

1列目・長男(たー)、2列目左から・四男(とん)、次男(うー)、三男(はぬ)、五男(ゆと)、六男(おち)、長女(みー)、3列目左より・父(オトクサ)、次女(かー)、母(ママクサ)。

CONTETS

第2章 中学受験における「自走」の意味

第3章 「自走」を叶えた8つの仕組み

第4章 中学受験「時間」と「お金」の節約術

第5章 おうち勉強法「合格貢献度」ベスト10

第6章

「おうち勉強」の疑問解決Q&A

第7章

「逆転合格」への道のり

第 **1** 章

「通塾なし」中学受験のはじまり

なぜ「8人きょうだい」の環境で
「通塾なし」を選んだのか?
ちょっと型破りな大家族の日常と、
その中で生まれた学び、
そして受験生活の始まりを振り返ります。

0歳児のいる受験生活

ネットで「オトクサ」と検索すると「何者」と出てきます。皆さんも私のことを「何者?」と思っているかもしれませんね。子どもの中学受験について語る前に、まずは自己紹介から始めたいと思います。

私、オトクサも中学受験の経験者です。進学先は面倒見のいい学校であったこと、先生を信頼していたこともあり、大学受験では、先生から推奨された問題集と赤本中心の「塾なし」受験で、無事大阪大学に合格することができました。

大学時代は、自分が中学受験時代に通っていた塾(浜学園)のライバル塾(希学園)でアルバイトをしました。

こう書くと「なんだお前、〝塾なし〟ってのはつまり、自分が塾でバリバリ教えてたから子どもにも教えられたのか」と思われる方もいるかもしれませんが、そんなことはありません。テストや自習室の監督が中心の業務でした。とはいえ、受験生でも保護者でもない立場で中学受験の世界を見た経験が何らかの形で役立ったのは間違いありません。

今は普通の会社員です。どうやら、子ども8人＝金持ち、塾なし勉強＝時間の融通がきく自営業、と連想する方が多いようで「オトクサ　職業」もなぜか検索されています。在宅勤務の日もありますが、基本的には通常の会社勤めをしており、「子どもの勉強が何より優先」という考えは持っていません。むしろ、飲み会と麻雀と競馬が趣味で、その隙間に勉強を見ることがあるという、受験生保護者としては「ダメな部類」の父親なのだと自覚しています。

そんな父親が、なぜ「通塾なし」という選択をしたのか。その理由と実践方法についてお話ししていきます。

家の中は常に大騒ぎ

中学受験をする小学6年生にとって、夏休みは天王山と言われるくらい大事な時期です。**秋以降は過去問演習が中心となるため、まとまった時間が確保できる夏休みが、単元別の総復習・苦手克服の最後のチャンスとなるためです。**

しかしオトクサ家の場合、この大事な時期になんと8人目となる赤ちゃんが生まれました。一番上と一番下が女の子、間の6人が男の子という大家族の中で、長男は受験勉強に取り組むことになったのです。

世の中のご家庭では、中学受験生が最優先されることも多いでしょう。しかし、オトクサ家では常に赤ちゃんやちびっこたちが優先される環境でした。

「ごめん、オムツ替えといて！」と勉強中に頼まれることも珍しくありません。祖父母も遠方に住んでいるため、私と妻の2人で家事や育児をこなしながら、受験勉強のサポートをする必要がありました。

長男が受験をする小学6年生の頃は0歳、2歳、4歳、6歳、8歳、9歳の妹と弟がいました（年上は2歳上の長女だけ）。ちびっこがいると毎日がにぎやかで楽しいんですが、中学受験に取り組む環境としてはとても大変です。

当時の家庭環境を具体的にお伝えするとこんな感じです。

- 本棚や問題集が日々グチャグチャに（棚に戻してもすぐ床に落とされる）
- 勉強中でも部屋にちびっこたちが気にせず入ってくる（バタバタ走り回る）
- きょうだいの騒ぐ声が絶えない（時には喧嘩も）
- ノートは破られ、消しゴムは割られる（消しゴムは一か月に50個買っていたことも）

制御不能な様子をご想像いただけますでしょうか。つまり、親が寄り添って勉強を見る、プリントを整理するといった「一般的な受験生活」は、最初から難しい状況だったのです。

そんな環境でも、長男は小学5年生の年末頃まではリビングで勉強していました。家族10人が座るリビングテーブルなので、今皆さんが考えているサイズの一回り大きいテーブルを想像してもらったほうがいいかもしれません。

家族10人が座れる大きなテーブルで、毎晩18時には全員で夕食を取ります。これは私が大切にしている家族の習慣で、通塾しないからこそできた日課でした。

6年生になってからは、過去問やテスト演習のため、リビングを卒業し、子ども部屋での勉強に切り替えました。リビングの騒がしさは相変わらずでしたが、休日は弟たちを公園に連れ出すなど、できる範囲でサポートを心がけました。

自分は必死に勉強しているのに、毎日騒ぐ弟たちを見てイライラする長男の姿も見られました。しかし同時に、休憩時には弟たちと楽しくゲームをしたり、階段を駆け下りて赤ちゃんのぷにぷにした頬を触って癒されたりする姿も見られました。結果的に、きょうだいの存在が長男の大切な気分転換になっていたように思います。

オトクサ家の日常：文房具はちびっこのおもちゃ

消しゴムは割られ、ノートは破られ……。
ちびっこのいる中学受験は大変です。

知育グッズよりもゲームで学力アップ

長男が開成中学校に合格した後、よく聞かれる質問があります。

「小さい頃、知育遊びはしていましたか?」

「どんな本を読み聞かせていましたか?」

答えは「何もしていない」です。図鑑すら置いていないリビングに、知育グッズの代わりにあったのはゲームでした。

長男が最初に手にした本は、ゲームの攻略本でした。ひらがなも読めない3歳の頃、本屋で見つけた「Ｎｅｗスーパーマリオブラザーズ U」の攻略本を手放さなかったのです。そのくらいゲーム好きだった長男は、受験直前までゲームをやめることはありませんでした。弟たちも2歳からゲーム遊びをしています。

知育グッズや図鑑は「理想的」と言われます。実際、知育教育に熱心な家庭の子どもの方が成績が良いと言われているのかもしれません。しかし、それは知育教育そのものの効果なのでしょうか。教育への意識が高く、経済的にも余裕があり、その後の教育環境も充実している――そうした家庭環境の総合的な結果ではないでしょうか。

実はわが家も知育グッズを買ったことがあります。しかし子どもたちはまったく興味を示さず、遊ばせようと必死に促したこともありました。

一方で、子どもたちは自然とゲームに親しんでいきました。それはもしかしたら、こんな効果があったのかもしれません。

- 妖怪ウォッチ（ロールプレイング）：ひらがなの暗記、戦略的思考の習慣化
- 人生ゲーム（すごろく・ボードゲーム）：ライフイベントに関する言葉の理解
- マインクラフト（ブロックの世界）：立体図形への親近感、空間把握力の向上

もちろん、ゲームがすべてを解決するわけではありません。

大切なのは、子どもが自ら興味を持ったことを否定せず、むしろ「すごいね！」と共に喜ぶこと。もちろんそれが知育グッズでもいいのです。わが家の場合は、結果的にゲームが知育グッズ以上に子どもの成長を後押ししたのかもしれません。

生活の中で身についた計算力

長男が小学校に進級しても、計算ドリルを買い与えることはありませんでした。その代わり、日常生活の中で自然と学びの機会を作っていました。

たとえば土日、競馬が趣味のオトクサは、子どもたちを連れて電車に乗って競馬場へ向かいます。

「よーい、ドン！」

駅の改札を抜けると切符を持つ小学生は「足し算の勝負」がスタートします。切符の番号を使った計算ゲームが、いつの間にか恒例になっていました。

「計算切符」とは？

数字を使って計算ゲームをすること。

←ここの数字

やり方はこうです。

まずは各数字で1桁の足し算（190円なら1＋9＋0＝10）をします。切符を買った日時、整理番号、金額と、実は20個くらいの数字の足し算ができるのです。

次に**整理番号4つの数字で、四則計算を駆使して1から順番に答えを作ります。**

たとえば、【3625】という数字の時は以下のような計算式です。

1＝2×5－3－6

2＝3＋6－2－5

3＝3×5－2×6

4＝6×2－3－5

5＝5×6÷3÷2

オトクサ家は車を持っていないため、必然的にこうした電車での移動時間が学びの場になりました。相手に負けたくないから、延々と四則計算をするということになります。

お風呂でも数字ゲームの時間です。わが家の場合は、長女・長男は1人ずつ、次男・三男・四男が一緒、五男・六男・次女が一緒、といったグループ行動が多く、私は小学生チームと一緒にお風呂に入ることが多いです。

「10秒数えたらあがっていいよー！」

「い〜ち、に〜い、さ〜んっ」オトクサ家ではこんな数え方は禁止です。代わりに次のようなルールで数えます。

- 倍々ルール：1・2・4・8・16・32…
- 二乗ルール：1・4・9・16・25・36…

●素数ルール：2・3・5・7・11・13…

九九を学習するのは小学2年生かもしれませんが、「まだ習ってないからわからない」なんて言い訳はなしです。1年生でも、×3はできなくても倍にすることはできます。ひっ算はできなくても、頭の中のイメージで、数を倍にすることはできました。二乗や素数も小学生になったら教えてしまいます。お風呂での計算ゲームに参加するためです。お風呂での計算ゲームに参加するために、リビングで算数を教える……という順番がひっくり返ったようなこともやりました。とにかく、風呂に入るといつの間にか計算をさせられ、いつの間にか夢中になってしまうのです。

1人でやるより、きょうだいで交互に言うほうがゲームっぽくなり、あきらめずに考える傾向があります。ただやりすぎると、「うぜっ、だからオトクサとお風呂に入るのイヤなんだよ」と言われてしまうので、さじ加減が必要です。

また、子ども連れで競馬場に行くことについて少し補足すると、ＪＲＡの競馬場は、子どもの遊び場が充実した家族向け施設もあります。遊び場と馬券売り場はしっかり分かれており、警備員が巡回しています。ゴーカートや乗馬、噴水遊び、時にはヒーローショーも開催されます。本当におすすめなので、ぜひ一度遊びに行ってください。特にお花見の季節は最高ですよ。

「よし！　12．3倍に400円賭けてたぞ！」

「馬連で4頭ボックスだと何通りだ？」

「1000メートルの通過タイム57．9秒!?」

もしかしたら、競馬場でのこんな会話も計算力アップにつながっていたかも……？

理科や社会では好奇心をくすぐる実験や体験が役立つと言われていますが、わざわざ機会を作って行うと、「さぁ学ぶぞ」と無意識に構えてしまい、親子とも負担になってしまう可能性があります。

窓の水滴や鍋から出る湯気に注目してみたり、食事の時に食材の産地の話をしたり、こうした日常の中での遊びや会話で「なんで？」「どう思う？」と投げかけていたことが、知らず知らずのうちに学びの基礎を作っていったように思います。

資源ごみから始まった中学受験

多くのご家庭では、次のような理由で中学受験を始めるのではないでしょうか？

- 地元中学の評判が気になる
- 中高一貫での6年間を大切にしたい
- 友人からの誘い、周りの流れで
- 生まれ育った家族環境では当たり前

しかし、わが家の中学受験への第一歩は、実は「資源ごみ」がきっかけだったのです。

それは長男が小学3年生に進級する直前のこと。たまたま資源ごみの日だった朝、駅に向かう途中で雑誌の山が目に留まりました。

その中に、背表紙わずか1センチほどの問題集が束になって置かれていたのです。何気なく目を向けた背表紙に「中学受験」の文字が飛び込んできました。前日、妻と中学受験について他愛もない会話をしたばかりだったので、不思議な縁を感じました。

ちょうどその時、同じような問題集を持ってきた女性が現れたので、思わず声をかけていました。

「すみません、これってもう捨てます？　もらってもいいですか？」

突然の申し出に驚かれたのか、その方は「いいですよ」と即答してくださいました。後から考えると、中身も学年も確認せずに声をかけていたんですよね。この方とお話ししたのは、その時限りでした。

20冊ほどの問題集を抱えて自宅に戻ると、妻に「中学受験しよっか」と話しかけていました。今思えば、この何気ない出来事が、わが家の中学受験の始まりだったのです。

「資源ごみがきっかけで中学受験を始めました」と話すと、誰もが「またまた〜」と信じてくれないのですが、これが本当の話なんです。

それまでのわが家の子どもたちは、英語やスポーツなどの習い事もせず、放課後は毎日友人と遊んでいる生活でした。「中学受験しよっか」は、中学受験へ挑戦するぞ！という意気込みではなく、**子どもたちに何か真剣に取り組めることを探していた中で見つけた、ひとつの光だったのかもしれません。**

家に持ち帰ったのは『中学受験新演習』（エデュケーショナルネットワーク）の教材一式。小5上巻・下巻の国語・算数・理科・社会、さらには『計算日記』や『漢字日記』まで、すべて書き込みのない状態でした。

後から知ったことですが、これは四谷大塚の予習シリーズと同じ、体系的なカリキュラムを持つ教材でした。定価で購入すれば数万円する教材が偶然にも無料で手に入ったことが、私たちの中学受験への第一歩となったのです。

ここで注目すべきは、小学3年生の春に手に入れたのが5年生の教材だったこと。つまり、4年生までの教材を飛ばして、いきなり5年生向けの内容からスタートという、かなり異例の始まりだったのです。

親が抱える2種類の不満

中学受験をすることを決めた後、最初にすべきことは何でしょうか。多くの方は「塾選び」から始めるかもしれません。

私の場合は、まずインターネット上の情報収集から始めました。〝中学受験　○○〟で検索したり、中学受験のブログランキングを上位から順に目を通したりする中で、だんだんと塾や家庭教師の先生の話よりも、保護者の成功失敗エピソードをチェックすることの方が多くなっていきました。保護者がなぜそんなに大変なのかが気になったからです。
そこで気づいたのは、主に2種類の不満が蔓延していることでした。

❶ 親の負担への不満

- 送り迎えや弁当作り
- テスト結果やクラス替えへのストレス
- 塾に通っていても自宅学習のフォローが必要
- ママ友関係の気疲れ

❷ 費用への不満

- 学年が進むごとに膨らむ塾費用
- 講習会や特別講座の追加費用
- 教材費・テスト代・交通費
- 家族の生活スタイル変更に伴う支出

「授業についていけない」「成績が伸びない」といった子どもの学習面での不満よりも、親の精神的負担や費用面での不満の方が目立っていました。塾の月謝以外で、教材費・テスト代・交通費、それに塾で帰宅が遅くなる子どものためだけに別で夕食を準備したり、送り迎えの際についつい外食をしたりする食費など、目に見えない費用の負担も多くあることも気になりました。

単なる金額負担で終われればいいのですが、特に深刻な問題なのは、思い通りの成績に届いていない時に、それまでに支払った「お金」が理由で、子どものがんばりを否定したり、志望校のランクを落とすかどうかという重要な判断ができなかったりすることです。

「10万円も夏期講習代を払ったのに、成績が上がらない！」

「もうこんなにもお金を費やしたから今さら引けない！」

このような投稿をちらほら見かけることもありました。そうなってくると、親の精神的負担、費用の負担ともにどんどん重くなることは想像できました。

8人の子どもがいるわが家にとって、これらの問題は深刻でした。しかし、だからこそ「違う方法があるのでは？」と考えるきっかけにもなったのです。

家族にとって理想の中学受験を考える

次に取り組んだのは、志望校選びでした。関西出身の私は、東京の中学受験事情にまったく詳しくありません。そこでまず考えたのが「家から最も近い私立中学はどこか」という単純な視点でした。

そこで見つけたのが「開成中学校」。自転車で行ける距離にある学校が、まさかの日本最難関校のひとつでした。

↓ おー、開成中学校ってのがチャリンコで行ける距離にあるぞ！
↓ わぉ、偏差値めちゃ高いやん！
↓ こんなトップ校合格したら、かっこいいなぁ！
↓ まぁまだ3年生やし、がんばれば行けるっしょ！

↓

おーい、この学校を目指してがんばってみよっかぁ！

といったノリで、長男は小学3年生のゴールデンウィークから中学受験を、しかも開成中学校への挑戦を目指すことになりました。

「チャレンジできたらかっこいいな」という軽い気持ちが、次第に本気の目標へと変わっていきます。

最初は親が勝手に決めた目標でしたが、学校の近くを通るたびに「中学1年の時には新校舎が完成しているよ」などと話しかけるうちに、長男も自然と目標として意識するようになりました。実際、小学4年生の書初めには自ら「開成」の文字を書いていて、親をびっくりさせたのです。

家族で目標を共有する

このように始まったオトクサ家の中学受験では、2つのことを大切にしました。

1. 家族の時間を犠牲にしない
2. 費用をできる限り抑える

中学受験においては、一見、非常識とも思える理想です。しかし、これは単なる思いつきではありません。家族の現実的な制約の中で、最善の方法を模索した結果でした。

「塾に通わず、子どもの自走により、最難関中学校に挑戦！」

これをわが家の目標とし、その理想に挑戦したのです。
この目標で特に重視したのは「子どもの自走」よりも、その裏にある「親がラクをすること」です。

一般的に中学受験は「親子で乗り越える困難」として時に美談のように語られます。しかし、本当にそれが唯一の道なのでしょうか。家族の時間を犠牲にし、精神的・肉体的な負担を抱え込む必要があるのでしょうか。

わが家が目指したのは、

- 送り迎えの負担なし
- 塾のクラスメイトと成績を比較するストレスなし
- ママ友・パパ友関係の気疲れなし
- 受験生に合わせた家事の追加・変更なし

というものでした。

「でも、家で勉強を教えるのは相当大変でしょう」と思ったあなた。もちろんその通りなのですが、それでもラクであることは、第4章で丁寧にお話ししたいと思います。通塾していても自宅で親が一緒に勉強している家庭が今の中学受験の大多数であることから、勉強を教える部分さえクリアできれば、通塾させるよりはるかにラクだと考えたのです。

また、**家族で共有できる具体的な目標を持つことも重要です。**たとえば

「何が何でも灘中に合格！」

「土日は勉強なしで偏差値50」

「睡眠時間は必ず9時間」

「きょうだいの時間は削らない」


など、目標は家庭によって異なって当然です。大切なのは、その目標を家族全員で共有し、同じ方向を向くこと。それによって、日々の判断基準が明確になり、家族の一体感も生まれます。

もちろん、途中で目標を変えたっていいんです。どうしても達成が難しくなってしまった場合は、改めて目標を設定し直すことも重要です。明らかに達成が難しい目標の場合は、モチベーションが下がってしまいますからね。また、目標は変えずとも、そこに向かうやり方を柔軟に変えていくことも大事だと考えています。進捗が悪い場合にはリカバリーする努力をしなければいけません。

長男の場合も「100%塾なし」にはこだわりませんでした。1人で勉強を続ける毎日に飽き、成績も伸び悩んだ小学6年生の秋からは、同じ志望校を目指す子どもたちと一緒に勉強することで刺激を与えたいと（通常の通塾はしませんでしたが）、早稲田アカデミーが日曜に開催している志望校別特訓を十数回受講しました。

中学受験に向けて勉強中の次男や三男は「最難関中学校に挑戦」に固執せず、子どもの自走のその先にある、彼らに合った学校を目指しています。

目標を考える時に大事なのは、父母のどちらかが1人で考えるのではなく、「同じ目線を家族で共有すること」です。 そうしないと、勉強の進捗に対する評価や感情が家族の中でもバラバラになってしまいます。たとえば、夏休み明けのテストで前回より30点上がったと想像してみてください。

お父さん：夏休みを無事乗り越えられたし、合計得点がアップしているから◯
お母さん：点数はアップしたけど、志望校の偏差値には届かないから△
受験生本人：合計点は伸びたけど、夏休みに一番がんばった算数が平均点以下だっ

たから×

これだと、テスト結果への反応を巡って家族間でトラブルが起こりそうですよね。しかし、家族共通の目標が「偏差値を0・1でもアップさせること」なら、全員で喜べるはずです。「夏休みがんばった算数だけは平均点を取ること」が目標なら、全員で悔しい思いをしながらも、合計は良かったと励まし合ったり、次への対策を前向きに話し合えたりできます。

高学年からでも遅くないです。まずは家族で共通の目標について話してみるのはどうでしょう。

POINT

◎日常生活の中の学びを大切に
◎親の精神的・経済的負担を減らす受験を考える
◎家族で目標を共有する

オトクサ家の日常：開成と決めた日

書き初めで「開成」と書いてあるのを見て、
「本当に行きたいんだな」とわかりました。

第 2 章

中学受験における「自走」の意味

「自走」とは単に「自分で勉強する」

ということではありません。

親がどのように環境を整え、
子どもの自走力を引き出していくのか?

オトクサ家の取り組みについてお伝えします。

「自走」とは何か？

「通塾なし」を選んで最初に頭を悩ませたのは、すべての勉強を家庭で見なければならないということ。8人の子どもがいて仕事に家事に育児にと忙しいオトクサ家では、限られた時間の中で、どうやって効率的に子どもの学習を進めていけばいいのか。それは大きな課題でした。

そんな中で行き着いたのが「自走」という考え方でした。

中学受験に関わる親なら誰しも一度は「子どもが自走してくれたらいいのになあ」と思ったことがあるのではないでしょうか。もしくは、「自走なんてうちの子にはとても無理！」そう思われる方もいるのではないでしょうか。

でも、その「自走」という言葉の捉え方は、人によって実にさまざまです。

「気になったらまずは自分で調べろ！」と、いつも子どもに言っているので、私も電子辞書（デジタル大辞泉）で調べてみました。

じ‐そう【自走】他の動力によらず、自身の動力で走ること。

これを中学受験における「自走」に当てはめると、

- 自分で教科書を読むこと
- 自分で問題集を解くこと
- 自分で丸つけをすること

という、ごくシンプルな意味になるはずです。しかし、多くの場合、中学受験での「自走」には「自主的」な要素まで含まれています。

じしゅ‐てき【自主的】他からの指図や干渉によらずに、なすべきことを自分の意思に基づいて行うさま。

たとえば、

- 「決められた時間」に自分で起きて勉強を始める
- ゲームをしていても「決められた時間」になったら切り替える
- 「決められた問題数」に毎日取り組む

こういった「自主的」な部分まで「自走」に含まれるのは、ある程度納得できることかもしれません。ただし、ここで重要なのは、「決められた」スケジュールや内容があってこその「自主性」だということです。

しかし最近では、中学受験における「自走」の意味を「主体的」まで広げられて語られることがあると感じています。

しゅたいーてき【主体的】自分の意志・判断に基づいて行動するさま。

こうなってしまうと、

- どの塾を選ぶか、志望校はどうするか
- 勉強スケジュールをどう組むか
- 弱点対策として取り組む問題集はどれにするか

「自走」についてのよくある誤解

よくある誤解	本来の「自走」
親は一切手を出さない	親が適切な環境を整える
子ども自身が計画を立てる	親が明確なゴールと道筋を示す
モチベーションが常に高い	モチベーションに左右されない
できないことも1人で乗り越えられる	つまずいた時のサポート体制がある
子どもがすべて自分1人で判断して取り組める	上記の条件が揃った上で、自分1人で勉強に取り組める

このようなことまで子どもに決めさせることになってしまいます。ビジネスの世界でもよく使われるこの「主体的」という概念を小学生に求めるのは、さすがに酷というものですよね。

このように、人によって期待する「自走」が異なるために、できる／できないの議論が起こりやすいのです。

そこで本書では、読んでいただいている皆さんと目線をそろえておきたく、「自走」を**「決められたスケジュールや取り組み内容があれば、自分1人で勉強に取り組めること」**と定義します。

「ほったらかし受験」というアプローチ

このような「自走」の考え方に基づいて、オトクサ家では「ほったらかし受験」という独自のアプローチを実践しました。

2021年12月24日にアップしたブログ記事には次のようにほったらかし受験についてついて書いていました。

「ほったらかし受験」

その名の通り、

- できる限り、親は関与しない!

- それでも子どもが勝手に勉強する!
- しかも、難関校を目指せるレベル!

という中学受験。


もちろん、まったく手放しではありません。

私が目指したのは、本格的な受験期となる5年生6年生でほったらかしができるという姿。

なので、4年生まではきちんと教えます。

イメージは「ほったらかし料理」ですね。

材料準備、下ごしらえはする
漬け込みや煮込み＝「ほったらかし」
途中で味の調整はする
そして、完成!!
←

勉強の習慣化、解答解説の見方を教える
ひたすら問題を解く＝「ほったらかし」
途中で模試や問題集は調整する
そして、合格!!

今振り返ると、成績も悪く何の実績もない時期に、よくこんなに堂々と偉そうに書いていたものです。

しかしこれは決して「すべてを放置する」という意味ではありません。次のような段階的なアプローチを取ることで、子どもの自走力を育てていきます。

1 4年生までにやること

- 朝に勉強する習慣をつける
- 自分で調べる方法、解説を読むコツを教える
- 丸つけは子どもに任せてみる

↓ここで失敗してもOK。失敗の中から学ぶのもステップの一つ

2 5年生で変わること

- インプットから徐々にアウトプットにシフトする
- 「なんで?」「どうして?」を大切に
- 勉強と遊びのバランスを意識させる

↓親は焦らず、方向とペースだけはチェック

3 6年生のゴール

- 決められた問題集をスケジュールに沿って解く
- 勉強開始、終了、休憩のタイミングすべて本人に任せる
- やる気の波も自分でコントロール

↓親はもう見守るだけのほったらかしモード。子どもの成長に驚かされる時期

長男の受験勉強を開始した時に、こんなイメージで「ほったらかし受験」の取り組

みを開始しました。中学受験生を子に持つ保護者の不安や苦労が増すと言われる5年生以降を、とにかくラクに過ごすための作戦です。

実際に問題集中心となる**小学5年生以降、私が勉強に関わるのは1週間で合計1時間程度でした。**記述問題の採点、解説を見てもわからない問題などについては、小学5年生以降も一緒に勉強をする必要がありました。自走させるための具体的な取り組みや勉強方法の詳細は第3章以降でお話ししますが、それでもこの「ほったらかし受験」はおおむねうまくいったのだと思います。これは、明確な目標と段階的なアプローチがあったからこそ実現できたことです。

ちなみに次男も小学5年生になり、同じような「ほったらかしモード」を実施しています。小学4年生の三男は、まだ十分なスキルは身についていないので、しばらくは私も一緒に勉強する必要がありそうです。

自走できない理由とは？

塾がお休みの平日（自宅で学習する日）を想像してください。仕事で疲れて帰ってきたのに、子どもがゲームをしている……約束していた勉強範囲を終わらせていない……ああ、腹が立つ。そんな経験はありませんか？

中学受験のさまざまな悩みの中で、「自走ができなくて困っている」というエピソードをよく目にします。特に「時間になっても勉強を始めない」「決められた勉強時間を守らない」という悩みを抱える保護者が多いようです。

「子どもが勉強の時間になってもゲームをやめません。どうしたらいいですか？」

このような受験生の保護者からの質問に対して、「勉強をしなさいと言ってはいけません。自分で行動するまで待ちましょう」という回答を見かけたことはありませんか？

「いやいや、それでも勉強しない時にどうすればいいのか聞いているのに」と思ったことがあるのはオトクサだけではないと思います。

では、質問です。自走できない理由は何だと思いますか？

皆さんのお子さんはどうでしょうか？　おそらく人によって違うはずです。オトクサ家の場合ももちろん、最初から自走できていたわけではありません。自走までの道のりや自走を始めるまでの期間は、長男と次男でも異なっています。また、長男だけを見ても、一度自走できるようになったからといって、そのまま自走し続けられたわけではなく、できない期間もありました。

子どもに「自走しろ！」と言う前に、なぜ自走できないのかの原因を考え、それを

一つずつ取り除いていくことが必要なのではないでしょうか。そう考え、中学受験における自走を、その字の通り「自分で走ることができない」と置き換え、そのできない原因を分解して考えました。

① 走る理由がわからない（目的意識の問題）
受験が自分ごとになるような、志望校や中学校生活の魅力を伝えきれていない

② 走り方を知らない（学習方法の問題）
丸つけのやり方や解説の見方を教え、それらが身につくまで一緒に練習していない

③ 道筋が見えない（計画性の問題）
ゴールまでの全体像を示しておらず、今は何に取り組むべきかを指示できていない

④ 道のりが険しい（レベル設定の問題）
子どもが自分一人で解決できないような、実力以上の課題を与えてしまっている

実はこれらはすべて、親側で対応できる問題なのです。
このように考えると、受験生によって自走ができない原因が異なることがわかりま

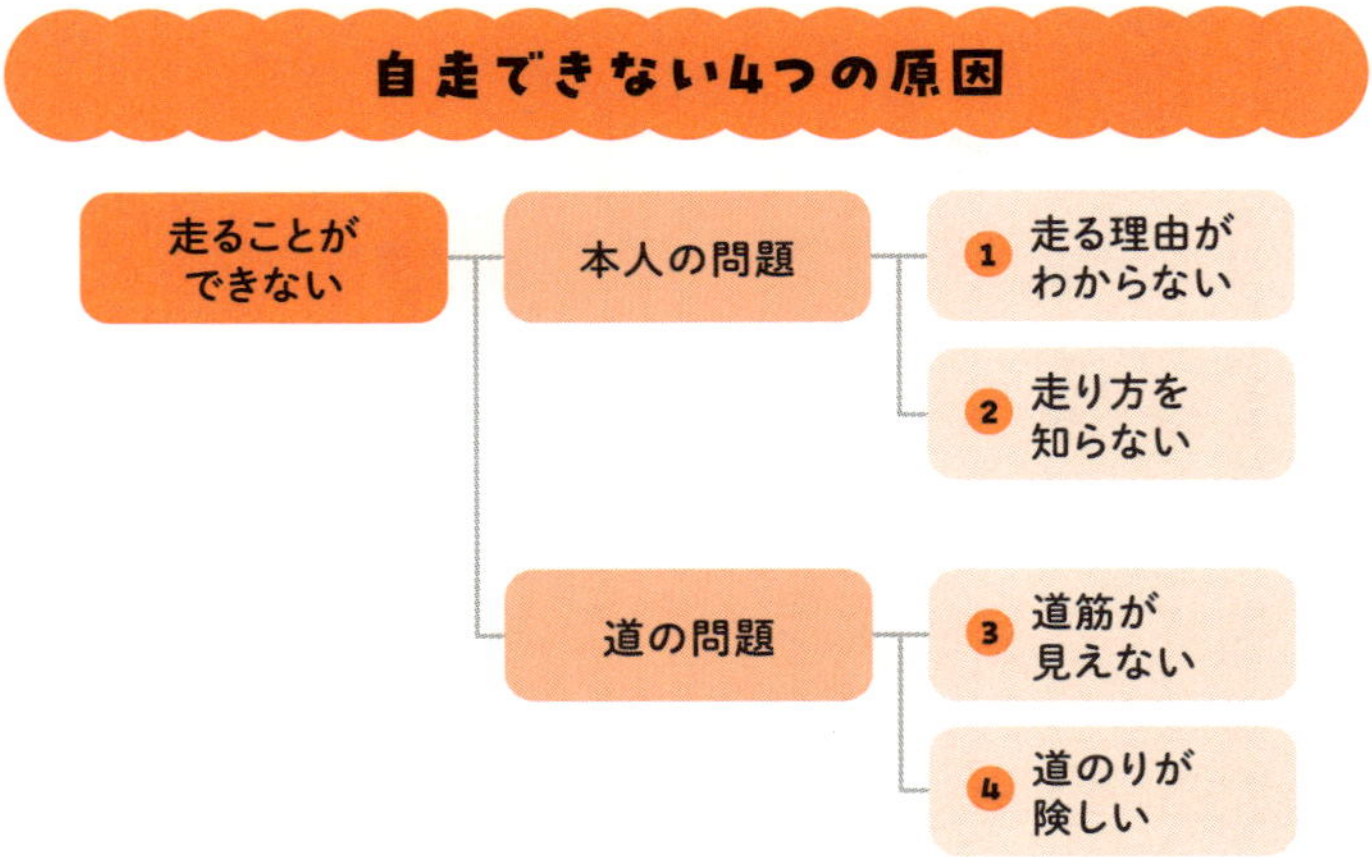

す。そして、いずれも受験生本人ではなく、保護者が解決できる問題と気づいたのです。

「テレビやゲームをやめない」という態度一つを見ても、それは単に「勉強したくない」という気持ちの裏返しなのかもしれません。今の勉強内容が実力に合っていないという、子どもからのSOSかもしれません。

第3章以降のオトクサ家ならではの取り組みは、先ほど挙げた自走ができない4つの問題を解決するためのヒントになるはずです。ひとつの勉強法という捉え方だけではなく、子どもの自走を促すための保護者の工夫という視点で読んでいただきたいです。

オトクサ家の場合、普段は時間になったら勉強するのに、**たまに起こる反抗も、「うちの子は反抗期かも」とひと言で片づけずに、「何か問題があるはず」と考え、先に進まずに立ち止まって理由を探すようにしました。**

「自走」という言葉から連想される「親は何もしない」という解釈は誤りだと私は思います。むしろ、**適切な環境と支援があってこそ、子どもは自分の力で前に進めるようになるのです。**

自走の土台は良好な親子関係

自走のための土台として最も大切なのは、実は親子の信頼関係です。わが家の子どもたちは私のことを「オトクサ」「お前」と呼び、私がいない時は「アイツ」とまで言うほど遠慮のない関係ですが、不思議と勉強に関することは素直に聞いてくれます。

この理由について次の三つのポイントがあることを、同じく「塾なしで中学受験」を成功させたライターのａｋａｎｅさんがインタビューを通じて見つけてくれました。

1 親は知ったかぶりをしない

わが家では「わからん！」「よし、一緒に調べよう！」が合言葉です。競馬で馬券を当てるより難しい算数の問題に出会うことも多々ありますが、そんな時は堂々と「わからない」と伝えます。ついつい私たち親は、自分自身もわからないことをごまかしたり、解答を見ながら偉そうに教えたりしてしまいがちです。

でも**子どもたちは、物語文の登場人物の心情は読み取れなくても、親のごまかしている態度はすぐに見透かしてしまうものです。**

当たり前のことかもしれませんが、親であっても、わからないことはわからないと正直に子どもに伝えることが大切です。**日常的に誠実な関係を築くことで、親が自信を持って話すことに対する子どもの信頼感が高まっていくのです。**

2 勉強以外のルールは最小限に

もともと通塾なし中学受験を決めた時、長男の心に響いたのは、「通塾だと移動などで無駄な時間が発生するけれど、自宅で勉強すればその分遊べるぞ」というメリットの言葉でした。そのため、勉強についてのスケジュールやルールは決めているものの、柔軟に変更することはOKとしています。遊びに行きたい時は遊びに行けばよく、その分の勉強をどうするかは自分で考えて、きちんと親に伝えればよいのです。**思っ**

ているだけではなく、きちんと家族に意思を共有することが大事です。

日常生活がかなり自由な分、ルールとして決めている「勉強」については、守る意識が高くなっているのかもしれません。

❸ 夫婦でお互いの悪口は言わない

自分で書くのも恥ずかしいのですが、これが一番真似しやすいのではないでしょうか。簡単です。「子どもの前で夫婦がお互いの不満を言わないこと」。たったそれだけか、と思う方もいれば、それが一番難しい、と感じる方もいるでしょう。これは夫婦の関係性によって異なります。

SNSでよく見かけるような、ママによる「お父さんは全然協力的じゃないね」とか、パパによる「お母さんはすぐ怒鳴るよな」といった発言は避けています。パートナーの悪口を言うのではなく、むしろ一緒にいない時にこそ、相手を褒めることで、尊敬や信頼につながると思いませんか。

妻は「普通のパパなら気づかない解き方をしてオトクサはすごいよね」とか、「あんなことを言っているけれど、オトクサはみんなが理解しやすい方法を調べていたのよ」といった言葉を、私が麻雀で帰ってこない夜ですら、子どもたちとの会話に混ぜてくれていたようです。

これはわが家の一例に過ぎません。あくまでも、わが家ではそういった積み重ねが、子どもの素直さや親への信頼につながっているのではないか、と思うのです。

POINT

◎「自走」とは、決められたスケジュールのもと、自分で勉強すること
◎段階的な環境作りが成功の鍵
◎親子の信頼関係が自走の土台となる

長男の合格までの歩み

<table>
<tr><th>学年</th><th colspan="3"></th><th>国語</th><th>算数</th><th>理科</th><th>社会</th></tr>
<tr><td rowspan="4">2年生</td><td>春</td><td colspan="2">知育なし</td><td rowspan="4">特になし</td><td rowspan="4">計算
ゲーム</td><td rowspan="4">特になし</td><td rowspan="4">特になし</td></tr>
<tr><td>夏</td><td colspan="2"></td></tr>
<tr><td>秋</td><td colspan="2"></td></tr>
<tr><td>冬</td><td colspan="2">勉強開始</td></tr>
<tr><td rowspan="4">3年生</td><td>春</td><td rowspan="8">自走練習</td><td rowspan="2">志望校
決定</td><td rowspan="2">漢字注力</td><td rowspan="6">『新演習』
全範囲
終了</td><td rowspan="7">『新演習』
全範囲
終了</td><td rowspan="7">『新演習』*
6年
歴史まで</td></tr>
<tr><td>夏</td></tr>
<tr><td>秋</td><td></td><td rowspan="6">『新演習』
全範囲
終了</td></tr>
<tr><td>冬</td><td rowspan="3">6時
起き
定着</td></tr>
<tr><td rowspan="4">4年生</td><td>春</td></tr>
<tr><td>夏</td></tr>
<tr><td>秋</td><td></td><td rowspan="7">市販の
問題集で
ひたすら
演習</td></tr>
<tr><td>冬</td><td></td><td rowspan="5">生物
地学
物理
化学
（単元別）</td><td rowspan="4">地理
歴史
（単元別）</td></tr>
<tr><td rowspan="4">5年生</td><td>春</td><td colspan="2">自走開始</td><td rowspan="4">物語文
説明文
（単元別）</td></tr>
<tr><td>夏</td><td colspan="2"></td></tr>
<tr><td>秋</td><td colspan="2"></td></tr>
<tr><td>冬</td><td colspan="2">同日模試</td><td>公民</td></tr>
<tr><td rowspan="4">6年生</td><td>春</td><td colspan="2"></td><td rowspan="2">約50校の
過去問</td><td rowspan="2">約50校の
過去問</td><td rowspan="2">約50校の
過去問</td></tr>
<tr><td>夏</td><td colspan="2">受験校
過去問</td><td rowspan="3">毎朝
テスト</td></tr>
<tr><td>秋</td><td colspan="2">開成対策</td><td rowspan="2">記述
特化</td><td rowspan="2">苦手単元
中心</td><td rowspan="2">時事問題
中心</td></tr>
<tr><td>冬</td><td colspan="2"></td></tr>
</table>

*『中学受験新演習』（エデュケーショナルネットワーク）

オトクサ家の日常：大家族の“天王山”

当時小学3年生だった次男は
滑り台で着地に失敗し、骨折・入院しました。

第 **3** 章

「自走」を叶えた
8つの仕組み

この章では自走を実現するための
8つの方法を紹介。
それぞれの目的と効果、
具体的なやり方についてお伝えします。

魚を与えるのではなく、魚の釣り方を教える

「計画は立てたけど、全然実行できない」「自分でやると言うけど、いつの間にかサボってしまう」「放っておくと、結局ゲームばかり」

そんな悩みを抱える保護者がほとんどではないでしょうか。

中国の老子の言葉に**「授人以魚 不如授人以漁（魚を与えるのではなく、魚の釣り方を教えよ）」**というものがあります。

人に魚を与えれば一日で食べてしまうが、釣り方を教えれば一生食べていける。まさに「自走」の本質を言い当てた言葉です。これを「釣り方を教えてしまえば、毎日魚を与えなくてすむのでラクができる」と解釈するのがオトクサ流になります。

しかし、「釣り方を教える」と言っても、具体的に何をすればいいのでしょうか。

いきなり竿を渡して「はい、自分で釣って」と言っても、魚は釣れないはずです。

中学受験における、親と子の関係に置き換えると、

「知識を与えるのではなく、知識を得る方法を教えよ」

「わからない問題を解説するのではなく、自分で解説を読んで理解する方法を教えよ」

そんなところでしょうか？

「ふむふむ、そうだよね」と思いましたか？　それとも「いやいや、小学生には無理でしょう」と思いましたか？

オトクサ家では、4年間の試行錯誤の末に、子どもの自走を促す8つの仕組みにたどり着きました。

決して「魔法の方法」ではありません。地道な積み重ねの中で、少しずつ効果が表れてきた実践的な取り組みです。一つずつ見ていきましょう。

その①〈朝勉〉を習慣化する

目的：日常生活の中に勉強を自然に組み込み、「当たり前」にする
やり方：段階的な早起き。7時→6時30分→6時と徐々に早める

「ずっとモチベーション高く受験勉強を続けることができた理由はなんだったの？」

現在、中学2年生になった長男に聞いてみました。中高6年間の楽しい生活を想像してたから？　友人たちに誇らしげにできるから？　そんな回答を予想していましたが、ひねくれ長男の回答は、「**勉強するのが当たり前だった**から、モチベーションもクソもないでしょ」でした。

大変だなぁ、がんばってるなぁ、かわいそうだなぁ、周りが勝手にそう思うだけで、

案外、本人は苦には感じていないのかもしれません。

「勉強をキライにさせないようにしましょう」「楽しんで勉強しましょう」というのは、聞こえのいい言葉、優秀な先生が言いそうな言葉ですが、「そんなのわかっていても無理でしょう」と思います。実際のところ長男は、勉強なんて好きじゃないまま受験勉強を終えました。テレビ見たい、ゲームしたい、友達と遊びたい、勉強なんてしたくない！という気持ちはずっと持っていたと思います。

それでも、勉強が日常生活の中に組み込まれ、当たり前になっていったのは、小学3年生から少しずつ始めた「朝勉」のおかげでした。

朝勉の始め方

オトクサ家の勉強習慣化の第一歩は「朝勉」です。最初は7時、そして6時30分、4年生になった時には6時起きが定着しました。もちろん、スタートした当時は子どもも1人では起きてくれません。目覚まし時計はかけさせるものの、なかなか起きてきません。結局は、毎朝5時台に目が覚めてしまうオトクサが子どもたちを起こしていました。

長男の場合は、小学5年生になると自分で起きて勉強を開始していたので、部屋をのぞきに行くことすらなくなりました。朝の寝起きの良し悪しは、きょうだいそれぞれ違います。

- 長男：自分で目覚ましをかけて、鳴るとすぐに起きることができる
- 次男：オトクサが起こしに行くと、すぐ起きることができる
- 三男：オトクサが起こしに行っても、5分くらいウダウダしている
- 四男：6時前から、フォートナイト（ゲーム）をしている

数分遅れようが気にしません。毎朝、毎朝続けると、徐々に自分で6時に起きる意識が高まっていきます。

ちなみに、開成中学校の合格者集合日に、「お父さんお母さん、これから朝は起こすのをやめて、必ず1人で起きるようにさせてください」と校長先生からお話がありました。周りを見るとフムフムとメモをとっている人もいたので、それだけ1人で朝起きる習慣が身についていない子どもが多いのかもしれません。

なぜ朝勉なのか

夜の方が集中できる、朝は起きても頭が働かない、という人ももちろんいます。そういう人は夜に勉強すればいいと思います。

しかし、オトクサが絶対「朝勉」がいい！と最初に取り組んだのは、必ず決まった時間に勉強するという習慣をつけさせたかったからです。夜だとなかなかうまくいきません。なぜなら、1日の出来事によって親も子もコンディションが変わるし、勉強を開始できる時間も変わる可能性があるためです。遠足に行った日や友達と思いっきり遊んで疲れた日など、子どもを早く寝かせてやりたいですもんね。その点朝勉なら、毎朝決まった時間に始めやすいのです。

勉強する内容が決まっているというのも「自走」の入り口として簡単です。オトクサ家の場合は、最初の30分は計算・漢字・語句、その後の1時間は算数という時間配分で行っています。

計算は、『中学受験新演習 計算日記』がバランスのいい問題数です。10分を目安に、計算8問程度、一行問題5問程度と、計算練習しながら履修単元の復習もできるのでおすすめです。現在小学4年生の三男、小学2年生の四男も毎朝解いています。

漢字は、小学3年生の漢字までは『うんこドリル』（文響社）、小学4年生〜6年生の漢字は『中学受験新演習 漢字日記』を使用します。1日4個を基本に暗記し、次の日は、前日暗記した4個の復習テストと、当日の暗記の合計8個がセットとなります。

漢字については、完璧に書けるようにするということよりも、子どもが1人で4教科の勉強をするうえで、読めない漢字や理解できない言葉をできる限り減らそうという目的で毎朝勉強をしていました。

さらに、漢字検定は小学生範囲の5級を合格した後も、4級の教材を使用して、熟語や類義語対義語の勉強を継続しました。

なぜなら中学受験において、中学校以降で学ぶ漢字も出題されることがあるからです。漢字問題として書かされることはないけれど、問題文章内には平気で出てくる、つまり、その漢字の意味を知らなければ、読み違えてしまうような問題も出題されるということです。

四字熟語や慣用句といった語句については、語彙力アップの問題集で1日1ページなど少量でもいいので毎日触れるという方法を続けました。それ以外に、休憩時間には角川まんが学習シリーズ『のびーる国語』を使用して、漫画でもインプットをしていました。

「朝勉」におすすめの教材を次にまとめましたので参考にしてください。

「朝勉」の教材選び

計算

●小4まで：『中学受験新演習 計算日記』（エデュケーショナルネットワーク）

●小5以降：『マスター1095題一行計算問題集』（みくに出版）

※5分程度で頭をほぐすイメージ

漢字

●小4まで：『中学受験新演習 漢字日記』

●小5以降：『漢字マスター1095題』（みくに出版）、漢検各級の問題集

※新しい漢字暗記の期間はしっかり15分以上。徐々に語句の時間を増やしていく

語句

●小4まで：『語彙力アップ1300』（すばる舎）

●小5以降：各塾制作の灘中の国語1日目対策プリント

算数

●小4まで：『中学受験新演習 算数』、『特進クラスの算数』（文英堂）等
●小5以降：各塾の模試、対策テスト、過去問等、難関中学テストの実践
※新演習は例題を用いてオトクサが説明、テストは朝食中に丸つけ

朝勉のメリット①親の時間が確保できる

中学受験の全範囲が終わるまでは、新しい単元に入るたびに私が子どもたちに教える必要がありました。とはいえ、新しい単元も塾のように丁寧に教えるわけではありません。算数は、まず例題を解いて見せ、類題を解かせてその方法をチェックします。問題なく解ければそのまま継続し、理解していないようなら、数字を変えた類題を作成して解きます。

私も朝に仕事をするタイプなので、その時だけ中断して教えています。その点でも夜に勉強だとダメなんですね。

なぜなら、夜は家族それぞれの大切な時間だからです。子どもにとっては早めに休める時間、親にとっては家事や自分の時間に使える時間。仕事仲間と飲みに行ったり、夫婦でゆっくり会話をする時間も大切です。

もうお忘れかもしれませんが、オトクサ家が目指したのは「家族の生活リズムを崩さない中学受験」なのです。子どもの学習時間も確保しながら、家族それぞれの時間も大切にするには「朝勉」が一番効率的なのです。

朝勉のメリット②受験直前期の過去問活用

長男は小学6年生の夏休み初日から1月末の本番前日まで約半年間、欠かさず毎朝1時間、算数のテストをやりました。こうなると私が関わるのは、朝ごはんを食べながら丸つけをするということだけになりました。各塾が過去に開催した模試から過去問まで、あらゆる算数のテストを解いたのです。

直前期になると実感すると思いますが、過去問を解く時間を確保することって結構大変なので、朝という時間を有効活用するのがいいと思います。

もうひとつ、朝勉は親の心を穏やかにしてくれるというメリットがあります。なぜなら、朝すでに1時間30分も勉強しているんです。もし、夕方友達と遊びに行ったり、疲れて寝てしまったりしても、「まぁ、朝に勉強してたからいっか」って気持ちになるんですよね。

POINT

◎ 朝勉が定着するまでは、親が子どもに声をかける
◎ 夜と比較して、決められた時間・勉強をするのに適している
◎ 「勉強させないと」という親の不安の解消にもつながる

その②〈環境〉を整える

目的：子どもの集中力を維持させる
やり方：余計なものを机に置かない、壁に貼らない、余計な声かけをしない

ここでいう環境とは物理的に勉強に集中できる環境を整えるということです。オトクサ家は8人きょうだい10人家族で暮らしているため、勉強中にきょうだいがうるさいというのは仕方ないと割り切るしかありません。代わりに、それ以外の点で集中の妨げになるようなことは、できる限り取り除きたいと考えています。

まず、机周りの整理は以下のことを徹底しました。

- 机の上には、手の届く範囲には何も置かない
- 勉強中、視界に入るところに余計なものを貼らない
- 勉強の途中に飲食はしない

当たり前のようですが、多くの家庭ではあまり意識していないことなのではないでしょうか？

もちろん何も置いていなくてもぼーっとすることはあります。ただ、机の前に別の教科の問題集がおいてあったり、手がすぐ届く場所に漫画の本棚があったりしませんか？　この誘惑を取り除くのも親の仕事なのかなと考えています。

また、歴史表など暗記ポスターを部屋の壁に貼ってしまいがちです。しかし、他の科目の勉強中に目に入ると、むしろ集中力の妨げになると私は考えています。算数の問題を解いていて、ふと目の前を見たら植物の一覧があったらイヤじゃありませんか？

部屋でなければいいだろうと、トイレやお風呂の壁に貼るタイプの語句や理科の暗

記シートを購入したこともありました。しかし、オトクサ家の場合は以下の理由で効果がありませんでした。

- 風呂に浸かりながら見上げるので首が痛くなる
- ちびっこたちがやぶる
- 一瞬で景色の一つとなり存在に気づかない

結果として、「これのおかげでいつの間にか暗記していました」といった実感はほぼありませんでした。

おやつは休憩時間に

「がんばってるね～」と妻が、寒い日の朝にココアを持って行ったり、夕飯以降におやつを部屋に持って行ったりするので、止めさせるのに毎回オトクサは必死でした。

子どものがんばりを労いたい気持ちはわかりますが、そろそろ疲れたかなぁと保護者が勝手に決めるタイミングではなく、本人にとって勉強の区切りが良いタイミングで休憩をとらせ、勉強とのメリハリをつける方が良いのです。このタイミングの工夫は、「その6」でお話しします。

今やっている勉強の妨げになる可能性を排除するのも、子どもの自走のお手伝いのひとつではないでしょうか。

POINT

◎勉強机に座った時に、視界の範囲に置く物は必要最小限に
◎壁に貼る暗記系ポスターは成果につながらなかった
◎休憩は、子ども自身の区切りがいいと思うタイミングで

その③〈予告〉をする

目的：十分な時間を与えることで、心の準備と覚悟をさせる
やり方：新しいチャレンジについては、必ず事前に具体的な内容を伝える

受験勉強を始めてしばらくすると「このままの勉強量だとヤバい」「1日30分でも勉強時間を増やしたい」そう思うことはどのご家庭でもあると思います。そしてそれは、親子喧嘩の種でもあります。

テストの点数が悪くて、「明日から6時起き！」と言ったり、夏休みの直前に「夏期講習は週6日もあるからね！」と伝えたり。こういった「突然の勉強量アップ宣言」は、確実に子どもが反発します。

「何それ、聞いてないよ」

「え！　絶対やだ」


そのような親子喧嘩を回避するため、オトクサ家では事前通告を徹底しています。

たとえば、

「4年生になったら、朝6時起きで勉強ね」

「6年生になったら、友達と放課後に遊ぶのは週1回ね」

「夏休みは、1日10時間の勉強スケジュールね」（「10時間」の理由は後でお話しします）

遅くても2か月ほど前には伝えるようにします。子どもにとって、2か月先なんて、もはや1年先と同じくらいの感覚なので、何を言っても「ふ〜ん、わかったぁ」くらいの感じで捉えます。

19世紀のフランスの哲学者ポール・ジャネが発案した「ジャネーの法則」によると、

「人生のある時期に感じる時間の長さは年齢の逆数に比例する」そうです。わかりやすくすると、10歳の子どもは40歳の親の4倍時間を長く感じるということ。「あぁ受験本番まで1年きったよ」、と親が焦っていても、子どもにとっては4年も先の感覚ということです。

親が焦っていくら声がけをしても、子どもはまったくエンジンがかからない……といった悩みは、もしかしたらこれが理由なのかもしれませんね。

早めに宣言することに加え、ことあるごとに口に出すことで親の本気度を伝えると共に、本人に心の準備もさせていきます。もちろんそれでも納得しない子どももたくさんいるはずですが、ここにもオトクサ家ではひと工夫し、最初はあえて高めの目標を提案しています。

たとえば、実際は「6年生の夏休みは、1日8時間は勉強してほしい」と思っていても、最初は「10時間」と提案します。

「え！　10時間なんて絶対に無理」
「じゃあ8時間にしようか」
「うん、それならいいよ」

そうやって少し緩くしたように見せて、実は子どもにさせたかった本当の勉強時間に着地させるのです。

さらにもうひとひねりして、実際に数日間、その厳しい方のルールでやって大変さを実感させます。思ったより問題なさそうならそのまま継続するし、やはり大変そうなら、「よし、がんばってるから時間を減らそうか」と提案します。

POINT

◎大きな変更は、遅くとも2か月前には内容を伝える
◎実際より少し厳しめの目標を示して様子を見る
◎子どもの様子次第で柔軟に調整できる余地を残す

オトクサ家の日常：事前予告でストレスなし！

子どもの予定を変更する時は、
早目に伝えることを心がけています。

その④〈正解〉を教えない

目的：自分で考える力をつける
やり方：
知識系は、推測した上で検索する方法を教える
算数は、問題文を読み直す、図や表を書く練習をする

「ママ、○○ってどういう意味ぃ??」といった質問に、「わからない言葉をきちんと質問してえらいね」と褒めたことのある方も多いのではないでしょうか。

最初のうちは

「ママ、この漢字なんて読むのぉ？」　お、えらいねぇ
「ママ、このことわざどういう意味？」　お、これはねぇ
「ママ、次のページもやるのぉ？」　お、早く終わったんなら次やっていいよ

ところが次第に
「あぁ！　もう、自分でやってくれよぉ」と変わっていくのです。わが家はまさにこれでした。

調べる力をつける工夫

子どもの「自走」で最初につまずくのは、わからない漢字や言葉が出てきた時点で手が止まることではないでしょうか。その対策として、次のことを実践しました、

●朝勉の漢字を徹底し、読めない漢字を減らしていく

- 電子辞書を導入し、わからない漢字や言葉は「自分で」調べられるようにする

電子辞書は、機能が多すぎで逆に使いづらいのではと思いましたが、子どもたちは色々触って楽しみながら使っていたようです。

- 理科や社会の用語は、電子辞書で画像つきの解説を検索する方法を教える
- YouTubeの解説動画の検索方法を教える

方法といっても、検索欄へのキーワード入力について教えるだけです。言葉の解説を読むのと画像や動画で見るのとでは全然理解が違うので、YouTubeも積極的に利用しました。

子どもが自分で調べるよりも、親に聞いた方が早いのはその通りです。ただ、一人で勉強している時にわからない言葉が出てきたらどうするのか。放置するのか、後で聞くのか、それともその時だけは自分で調べるのか。

オトクサ家の場合、最初の頃は、わからない言葉はチェックしておいて、勉強が終わったらすぐ聞くようにさせていました。しかし、結局確認することを忘れたり、文字の意味がわからないまま進んで無駄な勉強になってしまったりとうまくいきませんでした。**子どもが自分で読めない漢字やわからない言葉を調べられるようになってからは、一人での勉強もかなりスムーズに進められるようになりました。**

漢字や言葉だけでなく、解き方についてもすぐには教えません。

たとえば、算数の問題集を解いていて「教えて～」と持ってきた問題が10問あった場合を考えてみます。

「問題文ちゃんと読んだ？　もう1回問題文を読み直して、しっかり考えよう！」と声をかけます。もちろん難易度によりますが、大げさではなく、こう声かけするだけで半分の5問は自力で解けます。

次に「図を書いた？　表にして書き出した？」と聞くと、さらに3問は子ども自身が図や表にすることで「わかった」となります。このように、たとえ10問わからないと子どもが言ったとしても、**考え方のヒントを与えることで、本当にわからない問題**

は2問くらいまで絞り込めます。残りの2問は、一緒に考えます。

親が教えるのは一番最後で、**まずは子ども一人で考えることを優先させる**のです。

国語や理科・社会といった暗記系の場合は、前後の文章や情報から言葉の意味やイメージを類推したのか、自分で何を調べたのか、そこまで考えていなかったら教えません。そんなこともせずにオトクサに持ってきたら叱られます。

わからないことはまず推測する。その上で自分で調べて、確認する。それでもわからない場合のみ、親と一緒に考える。この繰り返しで、だんだんと考える力、調べる力といった自走力の一部が身についてきます。

POINT

◎ **正解を知ることよりも、自分で考えぬくことを優先する**
◎ **すぐには答えを教えず、考えるヒントを与える**
◎ **自分で調べる方法を教え、親と一緒に考えるのは最後にする**

その⑤〈質問〉を投げかける

目的：わかったふりをさせず、きちんと理解させる。
やり方：その日学んだことを自分の言葉で話させる。なんで？と質問する。

「わかったふりをする」とはつまり「理解していない」ということ。理解していないのであれば、親や塾の先生に「わからない」と正直に伝えることが大事なのですが、子どもたちは、なぜかわかったふりをします。もしかしたら本当に、暗記や理解をしたつもりになっているのかもしれません。

もちろん、私たち大人でさえも仕事や友人との会話の中でわかったふりをすることはあります。だからこそ「わかった?」は、あまり意味がなく、**子ども自身の言葉で説明させることが、理解への一歩だと考えます。**

オトクサ家の場合は、親が子どもの横について勉強しないので、ご飯を食べている時や寝る前の歯磨きをしている時に、今日覚えたことや解いた問題について簡単に会話するようにしています。国語で読んだ物語はどんな内容だったかとか、社会なら○○の乱はどういう乱なのかとか。

その際に、子どもの「わかったふり」防止として、できる限り「なんで?」と投げかけるようにしています。

「なんで○○の乱は起こったの?」
「なんで△△は不満を持ってたの?」

このような投げかけをするのです。そこで答えられないと、子ども自身も「あれ?

覚えてたはずなのになぁ」と納得できずに、その後自分で調べに部屋に戻ります。

「なんで？」の効果

インプットしただけでなく、そのことに関して会話すること、子ども自身に話をさせることが大事です。 子どもへの「なんで？」は大事な投げかけです。

親が子どもの横に座って勉強する必要はまったくなく、仕事や家事をしながら会話するだけです。自分が理解している必要もなく、「なんで？」「教えて！」と言うだけで勉強のフォローができるのです。

また、この時大事なのはすぐに答えを言ったり、訂正したりしないこと。**子どもが自分で考え、言葉を絞り出すのを我慢して待つことで、自分自身でわからないポイントに気づかせることが大事です。**

子どもには、「覚えるとき、解答や解説を読むときに、『オトクサになんで？って聞かれてもきちんと答えられるか？』ってことを考えてね」と伝えています。これを毎日繰り返すことで、だんだんとオトクサに聞かれるからではなく、**自分自身の勉強として「なんで？」と考える習慣がつき、「納得しないと終わらない勉強」に変わっていきます。**

解答の間違いを見つけた話

長男が小学6年生の頃にはこんなこともありました。この頃には基本的には勝手に問題を解いて、解説を見て、それでもわからないときだけ「教えて」と持ってくるようになっていました。解説を読んでもわからないと言って持ってくる問題はほとんどが算数なのですが、ある時珍しく、理科の問題が解答を見てもわからないと聞きに来ました。こんな問題です。

音の問題

A君が1秒間に○回拍手しながら秒速△メートルで壁から離れていくとき、□メートル先にいるB君には、直接聞こえる拍手と壁に跳ね返って聞こえる拍手と2つの音が聞こえます。☆回目に音が重なって聞こえるのは何秒後でしょうか？

確かに解説を見ても数字の意味がわからないなぁ、オトクサも解いてみたけれど答えが違うなぁ。ということで、この出版社に「この数字の意味はなんなのでしょう？こういう解答の方が正しくないですか？」という確認メールを送付しました。すると、数日後に「解答が間違っていた」と、丁寧な返信をいただきました。

解答を見てわかった気になったり、疑問に思ってもそのままにしてしまったりすることが多い中で、納得できなかったことをきちっと伝えた長男を褒めたと同時に、自走力がついてきたことも実感したエピソードです。

また、小学生の常識として「問題集の解答が間違っているわけがない」と思い込む中で、オトクサの解答が正解していたということは長男にとって衝撃的だったようで、これ以降、勉強に関するオトクサの信頼感はかなり高まったような気がします。

ただ、しばらくは「これも解答間違ってない？」と自分が間違っているくせに問題集のせいにしてくることが何度かありましたが……。

POINT

◎会話の中で、「なんで？」の質問を意識的に投げかける

◎自分の理解があいまいだと子ども自身が気づくように、親はじっと我慢する

◎子ども自身が「なんで？」と頭の中で考えるように促す

その⑥〈休憩〉を工夫する

目的：間違えた問題こそが大事だということを意識させる
やり方：各教科の勉強を区切る場合、やり直しまでを1セットにする

「自走」に対する保護者の期待は、「時間になったら勝手に勉強する、時間を守る」ということも上位にあります。言い換えると、**自分で管理して適切なタイミングで休憩をとることも「自走」の重要なポイントになります。**

勉強を時間で区切るべきか、ページ数で区切るべきか、というよくある質問はさておき、時間で区切るご家庭では、決めた勉強時間が終了した際に、ページの途中だっ

たらどうします？　さすがにキリのいいところまでは終わらせるルールになっていますか？

やり直しまでが1セット

もうひとつ質問です。今から60分算数の問題集を解くという勉強の課題を与えられた場合、どういうことを想像しますか？「よし時間を計ろう！　よーいドン」「60分！はい終了！　じゃあちょっと休憩しようか」と、問題を解き終わったタイミングで休憩をとるというご家庭が多いのではないでしょうか？


オトクサ家の場合、取り組む前に恐らく子どもから質問してくると思います。

「これって40分で時間を計って、丸つけとやり直しで20分くらいかな？」

「それとも60分終わってから丸つけとやり直し？」

これは、**丸つけとやり直しまでを必ずひと区切りとしている**ということです。問題集を「このページまで」や「〇問まで」といった区切りで解く場合は、自然と答え合わせとやり直しまでを一連の流れとして捉えやすいものです。

一方で、「60分間がんばろう」といった時間を区切って勉強する場合、子どもは時間が来たら「はい終わり！」と問題を解いただけで休憩に入りたがります。しかし、これでは学習効果が半減してしまいます。

そこでオトクサ家では、時間を計って勉強する場合でも、「丸つけとやり直しまで終えることが1セット」という意識を徹底して持たせるようにしてきました。たとえば60分の勉強時間なら、問題を解くのに40分、丸つけとやり直しに20分、というように時間配分を事前に考えさせます。こうすることで、ただ問題を解くだけでなく、間違いから学ぶ習慣が自然と身についていきました。

もちろん難易度によって取りかかる時間は前後したり、時間的な都合上丸つけまでできなかったりもしますが、やり直しまでをセットにした時間設計を意識することが大事だと考えています。どうしても、問題を解く方が中心になってしまい、「テストが終わって、わーい！　丸つけ？　後でやっておく」みたいな状況になることへの対策ですね。

- 間違えた問題の方が大事であること
- 間違えた問題を復習することで理解が深まるということ
- 間違えた問題に対する勉強時間の方が長くなること

このことをしっかり理解させることは難しいですが、休憩のタイミングを変えることで意識させようという自走作戦のひとつです。

POINT

◎勉強の1セットは、問題を解く＋丸つけ＋やり直しまで
◎休憩をとるのはやり直しを終えたタイミング
◎間違えた問題が大事であることを意識させる

その⑦〈解説〉を大切にする

目的：子どもが１人で間違えた問題のやり直しができるようになること
やり方：解説が充実している問題集を選び、最初は解説を一緒に読む

「自分で学習できない」子もたくさんいます。たとえば、次のようなことです。

- 丸つけの方法がわからない
- 初めて見る言葉の調べ方を知らない
- 解答解説の読み方がわからない

もちろん、オトクサ家の長男も最初はできませんでした。やり方を知らないし、練習もしていませんからね。うちの子にはできないと投げ出すのか、自走力をつけるためにここだけは踏ん張るのか。結果的に親がラクになると思い込んで、子どもが1人で解説を読み、間違えた問題のやり直しができるようになるまではしっかり一緒に取り組んだのです。

問題集選びのポイント

「自走」のためには、解説がわかりやすい問題集を選ぶことが重要です。ここでは、1人で勉強する問題集を前提にお話しします。

私はこれまで、自宅学習用にさまざまな問題集を購入しました。ただ手当たり次第というわけではなく、勉強を始めた当初は、受験ブログで紹介されている中で良さそうなものをピックアップし、書店で実際に解説ページを見てじっくり検討したうえで、購入しました。

色々な問題集を試しましたが、結局解説ページが多い問題集が「自走」には向いているという結論に落ち着いています。

解説が充実したおすすめ問題集

●算数

『中学受験を成功させる熊野孝哉の入試で差がつく』シリーズ（エール出版社）
圧倒的に多い解説ページ（例：基本問題25問に対して116ページの解説）
理解しやすい板書のような手書きの図や式

『特進クラスの算数』（文英堂）
図や表の書き方も理解できる「解き方」という表現
各章の応用例題で丁寧に示されている考え方のステップ

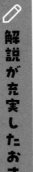

● **国語**

『中学入試 国語 塾技100』(文英堂)
論理的な読解力を養うテクニック「塾技」ひとつが見開きで完決
別冊の解説では、問題の解答だけでなく、作問者の意図も解説

『高校入試を制する国語「選択問題」の解き方の基本』(文芸社)
感覚ではなく論理的な選択のプロセスを丁寧に解説
本編が解説中心で別冊が問題編という分冊形式

● **理科・社会**

『中学入試 最高水準問題集』(文英堂)
すべての選択肢の正誤理由を詳細に解説
記述問題のキーワードと理由も明確に説明

『くらべてわかるできる子図鑑』(旺文社)

比較による学習と視覚的な記憶を重視
他の問題集の見直しの際にあわせて活用すると効果的

解説の活用方法

暗記系は、ついつい正しい答えが何だったのかを知っただけで終わってしまいます。選択問題であれば、他の選択肢は何が違ったのか、どういう意味だったかを参考書や電子辞書で見直すまでをセットにした流れを一緒に勉強します。

たとえば、コシヒカリの主な産地は?という選択問題の場合

選択肢　ア:秋田県　イ:新潟県　ウ:宮城県　エ:北海道

（イ）が正しい回答だ！というやり直しだけで終えてはいけないということです。

- アはあきたこまち、ウはひとめぼれ、エはななつぼし　（他の選択肢は何を示すか）
- イは新潟県の越後平野・信濃川の下流で主に生産されている　（関連地域の名称）
- 米の生産量の順位は、新潟→北海道→秋田→山形→宮城　（関連ワード全体の状況）

とはいえ、なかなかきちんとやらないものです。そこで1人でやるようになったら、**復習した後に、わざわざ他の選択肢について質問する**ようにしました。すると、質問する→調べていないのがバレる→「もう1回見直ししてこい！」と言われる

この繰り返しで**問題を解くことから解説を読んで見直すまでのセットが徐々に身についていきました。**ただ、勉強方法が身についたとしても、その後の暗記が定着するかは別の話です。

算数問題こそ解説を大切に

計算系、つまり算数の問題は、解答が正解していたらその喜びが勝り、ついつい解き方を確認しない場合があります。しかし、解説の解き方を身につける方が圧倒的に時間を短縮できることは多々あります。特に「整数」や「場合の数」の単元は注意が必要で、力技で書き上げるしかないのか、計算で解く方法があるのかを必ずセットで確認したほうがいいです。

図や表を交えた解説であれば理解しやすいのですが、計算式が書かれているだけの解説の場合は読み解くのが困難です。問題を解く際と同様に、解説を見る際も、１つ１つの数字の単位は何かを意識すると理解が進みやすいのです。そのため、解説を見てもわからないという子どもとの会話では、なんとなくわからない、のではなく、**解説の式のどの数字の意味や単位がわからないという具体的な会話ができるように訓練すると実力がついていきます。**

また、算数の問題では「式を書く」ことが大事ですが、難問になるほど、考え方が図や表で整理されているからこそ、正しい式に辿り着けるのです。そのため、問題集の解答でも「式だけではなく、子ども自身がテスト中に余白に整理して書けるような模範図・模範表が解説にある」問題集を選ぶのがいいと考えています。その点では、先にご紹介した『特進クラスの算数』(文英堂)はおすすめです。

間違えた問題・わからなかった問題は、教えずにもう1回考えさせることが最優先です。オトクサ家の場合は2回目に間違えても同じで、自分でギブアップするまで必ず考えさせます。

「もう一回考えさせると言っても、子どもが自分で丸つけをしたら解答を見てしまうじゃないか」と思われる方もいるでしょう。まったくその通りで、子どもには無心で答えの数字が○か×かだけをチェックさせ、解説部分は見ないようにさせていました。なかなか理不尽なことをやらせています……。

本当であれば、理解しているかどうか、暗記しているかどうかが大事なのですが、「子どもを自走させる」という視点では、完璧な理解までは求めず、**「問題を解く、丸つけをする、解説を読んで見直す」という勉強の流れを体に染みつかせる**ことを小学4年生頃までは優先しました。受験のプロに、間違えた勉強方法だと言われるかもしれませんね。でもわが家の場合は、この方法でうまく自走への流れを作れたのです。

POINT

◎解説が詳しい問題集を選ぶ
◎正解以外の選択肢や解き方にも目を向ける
◎算数の解説はそれぞれの数字の「単位」を意識する

その⑧〈約束〉を守らなくてもいい

目的：不満は常に解消し、前向きに勉強に取り組ませるため
やり方：予定を変更したい時は、自分でそのリカバリー時間や内容を考えさせる

ここまで、子どもが自走するために取り組んだ具体策をいくつか書きました。子どもが自走するのを待つのではなく、子どもの自走を促すために、親が積極的に仕かけたことです。

〈朝勉〉を習慣化する
〈環境〉を整える

〈予告〉をする
〈正解〉を教えない
〈質問〉を投げかける
〈休憩〉を工夫する
〈解説〉を大切にする

もちろんすべてがすぐにうまくいったわけではありません。子どもが反発することもあれば、ごまかそうとか、ウソをつこうとしたとか、そんなこともありました。
一見大変そうかもしれませんが、基本的に親は「言うだけ星人」で、親の時間は取られていません。解説の見方を勉強したり、定着するまでは横に座ったりすることは必要かもしれませんが、受験本番を迎える小学6年生になってつきっきりで勉強するよりははるかにラクなのです。

ルールはわかった上で予定を変更したい時は、本人の意思を尊重します。たとえば、夜にたまたま見たいテレビ番組があった、友達とオンラインゲームを楽しんだ。そんな時は、翌朝起きる時間を変える。もちろん週何日も続けるのはNGだけど、たまにであれば、我慢するのではなく自分から言えばいいのです。

① 遊び時間の管理

週2回の遊ぶ曜日は自分で決める
どうしてもあと1回行きたい時は、基本OK
ただし、その分の遅れをどうするかは自分で考える
勉強する・しない、遊ぶ・遊ばないの二択ではなく、「第三案」を自分で考えさせる

② ゲーム時間の設定

1日1時間のゲーム時間をどう使うか
何時からやるのか、30分ずつ2回に分けるのか
理由と合わせて説明させる
親が決めるのではなく、自分で納得できる案を考えさせる

中学受験を乗り越えられたモチベーションについて、長男の答えは先ほどお伝えしました。

「勉強するのが当たり前だったから、モチベーションもクソもないでしょ」

素っ気ない言葉ですが、これこそが自走の本質を表しているのかもしれません。その後、こんな続きがありました。

「むしろ、遊びたい時には遊んでたから」

中学受験における「自走」とは、当たり前のように勉強のことだけを指します。でももしかすると、**受験生活を乗り切る「遊び」「息抜き」を中心に考えて、残りは当たり前のように勉強する**、そんな自走スタイルもあるのかもしれません。

POINT

◎ルールより子どもの意思を尊重する
◎外部要因による変更には柔軟に対応
◎自分で判断して提案できる親子の関係を築く

オトクサ家の日常：受験生はかわいそう？

自走が身についた長男は
「中学に入って、1人で勉強したことが
役に立ってるよ」と言っています。

第4章

中学受験
「時間」と「お金」
の節約術

ここまで読んで「うちでもできるかな?」と
思った方に、通塾なし受験の
「時間」と「お金」にまつわるメリット・デメリットを
明確にし、必要な心構えは何かを
お伝えします。

「お金」と「時間」を上手に使う

ありがたいことに多くの方に、通塾なしでの勉強方法やスケジュールの質問をいただきます。この章では、通塾なしで挑もうとしている皆さん、通塾がつらいなぁと不安になっている皆さんに向けて、オトクサ家の中学受験で気づいた「通塾なし」のメリット・デメリットをお伝えしたいと思います。

すでにお話ししたとおり、長男は開成特訓を受講しただけで、通常の塾には通いませんでした。また、通信教育や家庭教師にも頼ることはありませんでした。

しかし、私自身の通塾生活は楽しかった記憶ですし、塾ならではのカリキュラムや先生のわかりやすい授業、何よりライバルたちとの切磋琢磨によるモチベーションの高まりなど、通塾するメリットは十分理解しています。

実際、「中学受験＝通塾」は常識ですし、「え、通塾するでしょ？」といった感じで、妻は長男を塾の体験教室に連れて行こうとしていました。その上で、わが家が気になったのがやはり「お金」と「時間」の問題だったのです。

塾なしのメリット

1 塾代+αが節約できる

通塾なしを選択した理由は、やはり「お金」の節約が大きな要因となります。

長男の中学受験にかかった費用を振り返ってみたところ、合計で約50万円程度でした。あくまでもWEB等の情報を参考とした計算ではありますが、小学4年生から通塾を始めた一般的な中学受験生と比較すると300万円程度抑えることができたのではないでしょうか。

オトクサ家の場合、通常授業や通信教育、家庭教師にかかる費用はゼロですが、模試や問題集等への出費が多くなっています。また、早稲田アカデミーのＮＮ開成コース（お盆・後期・そっくり模試）を受講した金額が約30万円で、受験費用の半分以上を占めていますが、これは必要経費だったりと割り切っています。

意外に見落としがちなのは、通塾に伴う交通費やお弁当や送り迎え時の外食などの食事代です。

〈費用を抑える勉強方法〉

1．新品教材は最低限にする

- 時事問題集だけは必ず最新を、複数出版社分解く
- 過去問は、たった1年分のために最新にこだわる必要なし（最新はＷＥＢでも見られるのでチェック）

	通塾	オトクサ家
通常授業料	175万円	0円
特別講習（春夏冬期・志望校等）	100万円	30万円
合格判定、志望校冠模試等	5万円	8万円
教材費（塾）	5万円	0円
教材費（塾以外）	5万円	10万円
個別塾・家庭教師等	30万円	0円
交通費・食事代他	30万円	2万円
合計	350万円	50万円

※あくまでもWEB等情報を参考としたイメージです
※4年生から通塾、講習はいずれも参加として試算

- 兄・姉や年上友人が使用していた問題集を使用する

2．メルカリを上手に活用する

- 解答の書き込みさえなければ、色褪せていても、折れていても、メモも気にしない。
- 2月、3月は比較的安いので、使用予定があるものは先行購入してしまう
- 有料模試、塾オリジナルテキストを自宅教材として購入する

3．無料コンテンツを効果的に活用する

- 新規単元のインプットにYouTubeを活用する
- さまざまな塾の無料模試を活用する

●各塾の無料WEB講座（特に模試解説）を活用する

このように、少し意識をするだけで塾代以外でも、費用面での節約が可能です。ただし、決して「節約すること」が目的ではありません。必要な教材をしっかりと揃える、模擬テストで演習を大量にやる、そのためにも無料のものや、メルカリを活用して一つずつの単価をできる限り下げるということです。模試や定期テストのプリントは1回分100円未満で購入することも可能なので、オトクサ家の中学受験はメルカリが支えていたといっても過言ではありません。

❷時間が有効に活用できる

最初にお金の話からしましたが、実は、オトクサ家が塾なしを選択した理由は、お金よりも圧倒的に「時間」の問題です。

私の小学生時代は片道45分かけて通塾していました。いやいや徒歩圏内に塾がある、わが家は1時間半もかけているんです、といった方など、ご家庭により事情はさまざまでしょうが、ドアtoドアで30分くらいの通塾が最も多いのではないでしょうか。

「まぁ30分くらいなら…」ではありません。往復で週3回、小6では週5回ともなると、3年間と考えると、なんと600時間もかかるんです！

さらに、通塾時間以外にも、

「リュックに教科書と筆記道具を入れて、着替えて、身だしなみを整えて、いってきまーす」

「塾に10分前に到着！　友達とワイワイ、終わった後も教室でワイワイ」

など、結局、通塾時間とは別で毎回30分は無駄にしていると考えると3年で300時間。さらには、

「よし、得意な算数は全問正解！　でも、クラス全員で解説を聞く時間……退屈だ」

「ん？　気持ち？　心情語？　よくわかんない。でも先生が面白いからいっか」

など、教科によって得意不得意があるから、通常の授業でも、無駄にしている時間があるのではないかと考えています。

ここに挙げたのは受験生本人の時間だけです。私は、それ以上に家族の時間を犠牲にすることを避けたくて、通塾なしを選択したのです。

❸ 家族で過ごす時間を守れる

この言葉を耳にしたことのある方もいるんじゃないでしょうか。

「中学受験生様」

家庭内では受験生の勉強が最優先！　ということなのでしょうね。わかります。予定は受験生中心になるのもわかります。色々と気を遣うのもわかります。がんばったらご褒美をあげてしまうのもわかります。

ただ、「両親やきょうだいの時間を犠牲にするのは仕方ない、中学受験ではそれが当たり前で、家族で苦労して勝ち取った合格にこそ意味がある」という考え方は、ちょっと違うんじゃない？と思うのです。もちろん受験生が気持ちよく勉強する環境を作ってあげようと努力することは大事です。ただ、両親やきょうだいが必要以上に我慢する必要はないのではないでしょうか。

第1章でお伝えしたとおり、夫婦で大切にしたのは「家族の時間を犠牲にしない」ことです。

具体的に言うと、「中学受験生だから特別扱い」という発想を避けたかったのです。

たとえば、次のようなことです。

- 家族の食事の時間をバラバラにはしたくない
- 他の子どもたちの寝かしつけや夜泣きにも対応が必要
- 塾のお迎えのために家事が後回しになるのは避けたい

つまり、「中学受験生のスケジュールに合わせて他の家族ががんばって調整しよう」ではなく、**「家族の基本的な生活リズムは崩さない。そもそも無理は言わない、させない」**という考え方です。

これは特に共働きや小さな子どもがいる家庭にとって重要なポイントだと考えています。

親が受験に詳しくなくても問題なし

オトクサ家の目標が、

「塾には行かず、子どもの自走により、最難関中学校に挑戦！」

というのはお話しした通りです。

「合格」ではなく「挑戦」です。途中の成績で一喜一憂するのではなく、最終的に小学6年生の2月1日に第一希望の学校に挑戦するためにどういう戦略を立てようかと色々考えました。

中学受験について調べ始めた頃、ネットで「塾なし　中学受験」を検索すると、受験のプロたちは口を揃えるかのように同じことを書いていました。

「塾なし中学受験はできます。ただし、難関校は塾なしでは厳しいです」

その理由は主に、

①受験校の情報や受験問題の傾向について入手しづらい
②4教科すべてを自宅で教えることは難しい
③学習習慣が身につかず、モチベーションも維持しづらい
④親の負担が大きく、精神的に辛い

このようなことが挙げられていました。

「ってことは、これをクリアすればいいいんだ！」とポジティブオトクサは考えたのです。

第3章でお話しした「自走」を叶える仕組みはこの③、④への対応イメージで編み出されたものです。

既に通塾なし勉強を開始して5年以上経ちますが、「①受験校の情報や受験問題の傾向について入手しづらい」については1ミリも感じません。受験校のホームページ

やSNSはもちろん、インターネットのまとめサイトや保護者の方々がブログで詳しく発信してくれています。YouTubeには塾関係者が勉強の方法をアップしてくれていますし、メルカリにはさまざまな問題集やプリントが、受験終了組により販売されています。私が中学受験に挑んだ30年前とは全然環境が違うのです。

模試を終えた後に、「今回は難しくて平均点は下がりそうだ」「これまでと傾向が違う」こんな発信をSNSで見ることもありますが、このようなスーパーお父さんたちを見習う必要は全くありません。全体構成・難易度・過去や他塾模試との違いなんて知っても、何か行動に移すわけではないからです。もちろん、子どもの勉強に活かせるご家庭が分析しているのだと思いますが、オトクサは問題用紙を見ることはありません。**子供が解説を読んでも理解できなかった問題を一緒に考えることが自分の役割**だからです。

親が教えられなくても問題なし

話は通塾なしに戻り「②4教科すべてを自宅で教えることは難しい」について。これは、確かに難しいです。そもそもプロの塾先生と比べたら、親の教え方は天と地ほど違うでしょう。だからプロの塾先生に教えてもらえばいいんです。YouTubeにはプロの塾先生や専門家による役立つ動画が数多くあります。

ただし、いきなりYouTubeを見るということはありません。まずは教科書でインプットして、その後動画を見ることで「あぁそういうことだったんだぁ」と理解できるんだと思っています。**また、少なくとも同じ単元について2種類の動画を見ることで、抜け漏れを排除できます。**「中学受験　理科　太陽の動き」というように、その単元名を検索するだけで多くヒットするので、試しに検索してみてください（YouTubeの活用法については第5章『YouTube「理科・社会」最強説』も参考にしてください）。

また、中学受験においては、特に算数は教えるのが難しいと言われます。なぜなら、お父さんお母さんが受験した30年前ほどと比較して、思考問題が増え、難化しているからです。30年前の開成中の入試レベルが偏差値50の学校で出題されているほどです。さらにこれらの問題は、「数学」ではありません。中学受験特有の「特殊算」は親でも理解するのが難しいと言われています。

ただ、本当にそうでしょうか？　実際やってみるとそんなことなかったというのが実感です。

これは決してオトクサは頭がいいと言っているわけではありませんからね。私も難しい問題は解けません。ただし、解説が数字だけではなく、わかりやすく文章でも説明のある問題集であれば、子どもに説明することはできるということです。

「解けないけれど、答えを見て説明することはできるよ！」と堂々と子どもに伝えることが大事です。知ったかぶりしていると、子どもとの信頼関係は築けません。

最低限の国語力があれば、大人が解説を見ればその数字が示す意味はわかります。と言っても「いやいやわからないよ」こう思う人はたくさんいるでしょう。確かに、子どもがわからないと持ってきて、その場ですぐ理解して教えるのは難しいです。ただし、解説をじっくり読んでみて、後で教えるのはできるものだというのが受験を通しての気づきです。ぜひ一度、**解説をじっくり読んでみてください。意外と理解できるものですよ。**その時は、数字の単位に注意してみてくださいね。

親がつきっきりじゃなくても問題なし

「通塾なし」と言うと必ず「毎日一緒に勉強するのって大変でしょ⁉」と言われます。しかし、そんなことはありません。

中学受験に関心のある方は、塾なしと聞くと「桜井信一さん」か「ぎんたさん」の書籍を想像する方が多いんじゃないでしょうか。ご存じでない方に簡単に紹介すると、

●桜井信一さん

昼はガテン系仕事、夜は娘と猛勉強。そして朝まで娘のために予習。わが子にすべ

てを捧げた父親の壮絶記録を書籍化した『下剋上受験－両親は中卒 それでも娘は最難関中学を目指した！』（産経新聞出版）はベストセラーになり、阿部サダヲさん主演でドラマ化もされました。

●ぎんたさん

開成に合格した本人がマンガを描いた『偏差値40台から開成合格！ 自ら学ぶ子に育つ おうち遊び勉強法』（講談社）では、「僕の母は遊びを学びに変える天才！」として、しりとり、カルタ、パズル、歌などで知的好奇心を刺激するような、工夫や仕かけを紹介しています。

どちらもとても面白い本なので、興味を持った方はぜひ読んでみてください。このお二人の日常を想像した方からは、わが家の「塾なし」もさぞやがっつり伴走していると見えるのでしょう。ただ、お二人ともすごすぎてわが家ではマネできません。

共働き家庭でも実践できる

わが家では、妻・ママクサが長男の勉強に関わることは一切ありませんでした。教えることはもちろん、どの問題集をやっているのかも知らないレベルです。0歳児含めた8人の子どもの育児家事に翻弄される毎日であり、ちびっこ達を寝かしつけた20時30分以降しか自由時間がなかったのは、ある意味共働き夫婦と同じような感覚だったのかもしれません。

それでも、子どもの勉強に不安がなかったのは、習慣化された「朝勉」の時間帯で勉強のサポートをおこない、そして勉強時間以外での会話の中で進捗確認ができていたからです。

参考までに、オトクサ家の子ども達の1週間の平均的なスケジュールについてご紹介します（P148参照）。これを見ると、朝の勉強時間のウェイトが大きいのがわかります。オトクサ家同様、この時間であれば共働き家庭でも子どものサポートができるのではないでしょうか？

夜から朝方にシフトすることは、共働き家庭の受験フォローを後押ししてくれるはずです。

子どもに合ったペースで計画できる

「子どもと一緒に勉強計画を立てたほうがいいのでしょうか」「子どもが学習計画を立てるのが苦手です」といった質問を受けることもありますが、わが家では、年間スケジュールから1日のスケジュールまで全部オトクサが決めます。第3章でお話しした通り、スケジュールを組むことは「自走」ではありませんからね。わが子をよく観察し、その子に合った計画を立てるのは親の仕事です。

とはいえ30分刻みのスケジュールなんて絶対できないと思っているので、ざっくりした目安だけです。じゃあ、1週間のスケジュールはどうなの？とも聞かれますが、これもとてもざっくりしています。**私が重要だと思っているのは、数か月単位での勉強スケジュールです。**

スケジュールで一番大事なことは、中学受験の全体像を理解させることだと考えています。各塾では、考え抜かれた最適なカリキュラムが組まれていますが、果たして3か月後に何をやるのか、全体でどれだけの単元があるのかを把握している受験生がどれだけいるでしょうか。

ゴールまでの距離はどれくらいか、今自分がどこを走っているか、それをまったく知らないままでマラソンを走ることはとても大変でしょう。子どもの勉強も同じだと思っています。正確な理解ができるかどうかは置いておいて、中学受験の全体像をイメージさせることが大事です。

たとえば、理科の場合だと

- 生物／地学／物理／化学と4分野で、「暗記系」と「計算系」があること
- 生物なら、植物／昆虫／動物／人間の体など細かく分かれていること
- 各単元の学習がどのようなスケジュールで組まれているかということ
- 単元終了後は、さまざまな問題集や過去問に取り組むということ
- その全体のイメージの中で、今どの位置にいるのかということ

こんな感じです。口で伝えるのではなく、簡単に紙に書いて伝えてあげると理解しやすいですね。

それぞれの教科で、全体像を眺めながら、月別で考えたらこれくらいの量とスピード感か、と計算してスケジュールを組みました。

4年生、5年生の間は子どもの理解度によって、早く進む単元もあればじっくり時間をかける単元もあるので、予定していた計画から1か月前後するのは当たり前です。たとえば、「食塩水」は得意だから3日で終える、「時計算」は苦手だから2週間かける、そんなイメージです。ちなみに、長男が『新演習問題集』の小6㊦までを終

えたのは小学4年生の8月頃でした。長男と比較すると次男は2か月早く、逆に三男は2か月遅いものでした。

当初の計画通りに進めることを基本としながらも、子どもの理解度や進捗に応じて、臨機応変に軌道修正を行います。大切なのは「できないからやめる」といった極端な判断ではなく、教科ごとの状況に応じて柔軟に対応することです。

詳しくは第5章でお話ししますが、オトクサ家長男の場合はこうでした。

- 算数：最も先取りのハードルが低く、4年生の夏には6年までの範囲を終了した
- 国語：語彙力のなさを痛感し、読解の勉強量を減らして語句の勉強量を増やした
- 理科：星座・月・太陽・天体総合を続けるなど単元を切り取って先取りした
- 社会：公民だけは先取りせず、6年生になり小学生新聞の購読と合わせて勉強した

このような柔軟な調整が可能なのは、塾のカリキュラムに縛られない自宅学習だか

らこそです。塾では、クラスの進度に合わせる必要があり、こうした大胆な計画変更は難しいでしょう。自宅学習では、**子どもの状況を見ながら、必要に応じて学習のペースやボリュームを調整できる、そこが大きな利点だと考えています。**

子どもの隣に座って勉強を教える時間はほとんどありませんでしたが、**勉強の計画を立てることには頭を使いました。**

POINT

◎子どもの理解度に合わせられる

◎柔軟なスケジュール調整が可能

◎自走する習慣が身につく

オトクサ家の日常：魔法の言葉

「みんな経験するんだよ。順番なんだよ」
この言葉は下のきょうだいにも伝えています。

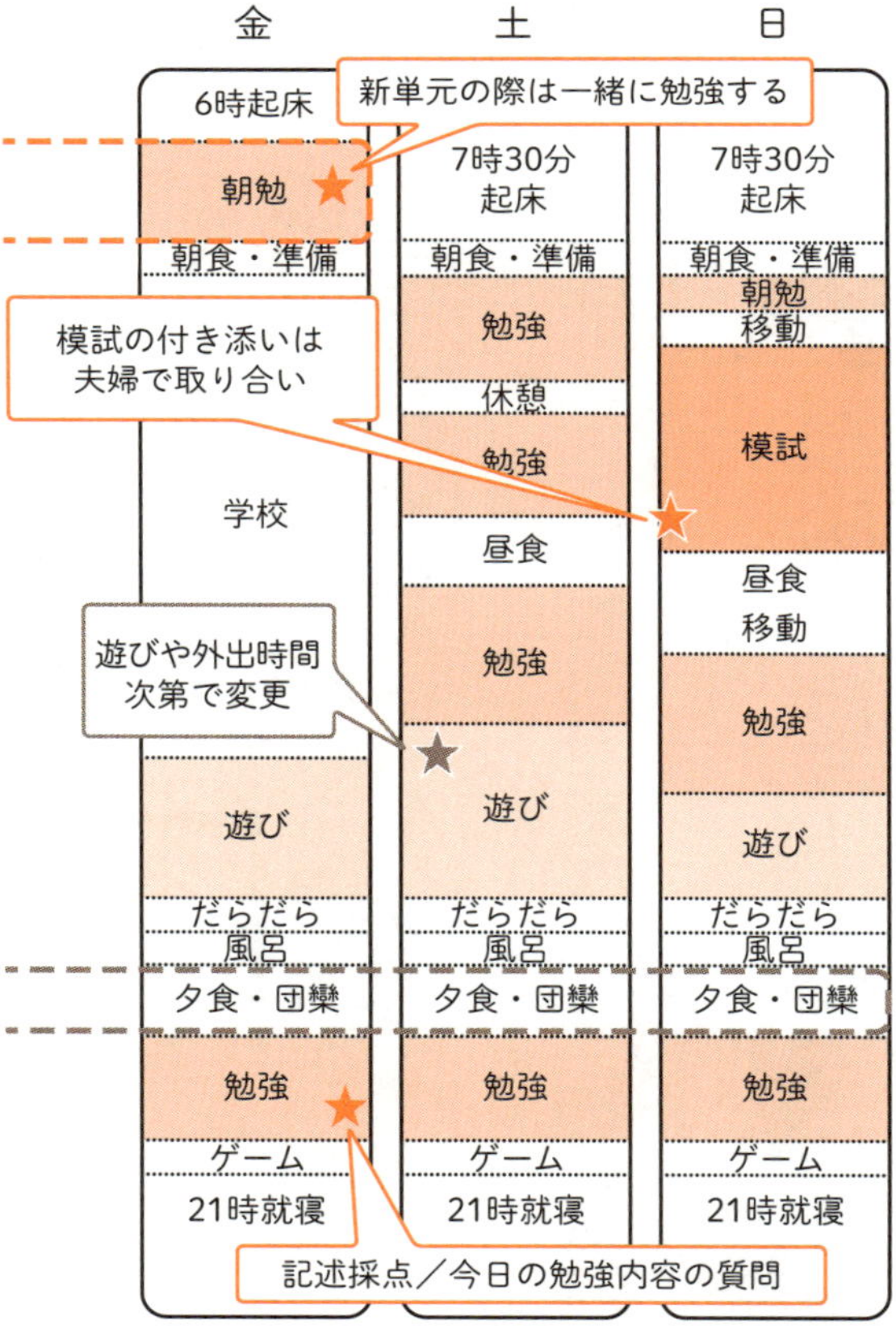

※6年生から変更する点

・22時に布団に入り、10分間暗記してから就寝
・無駄なだらだら時間はどんどん減っていく

子どもたちの週間スケジュール(3・4年生)

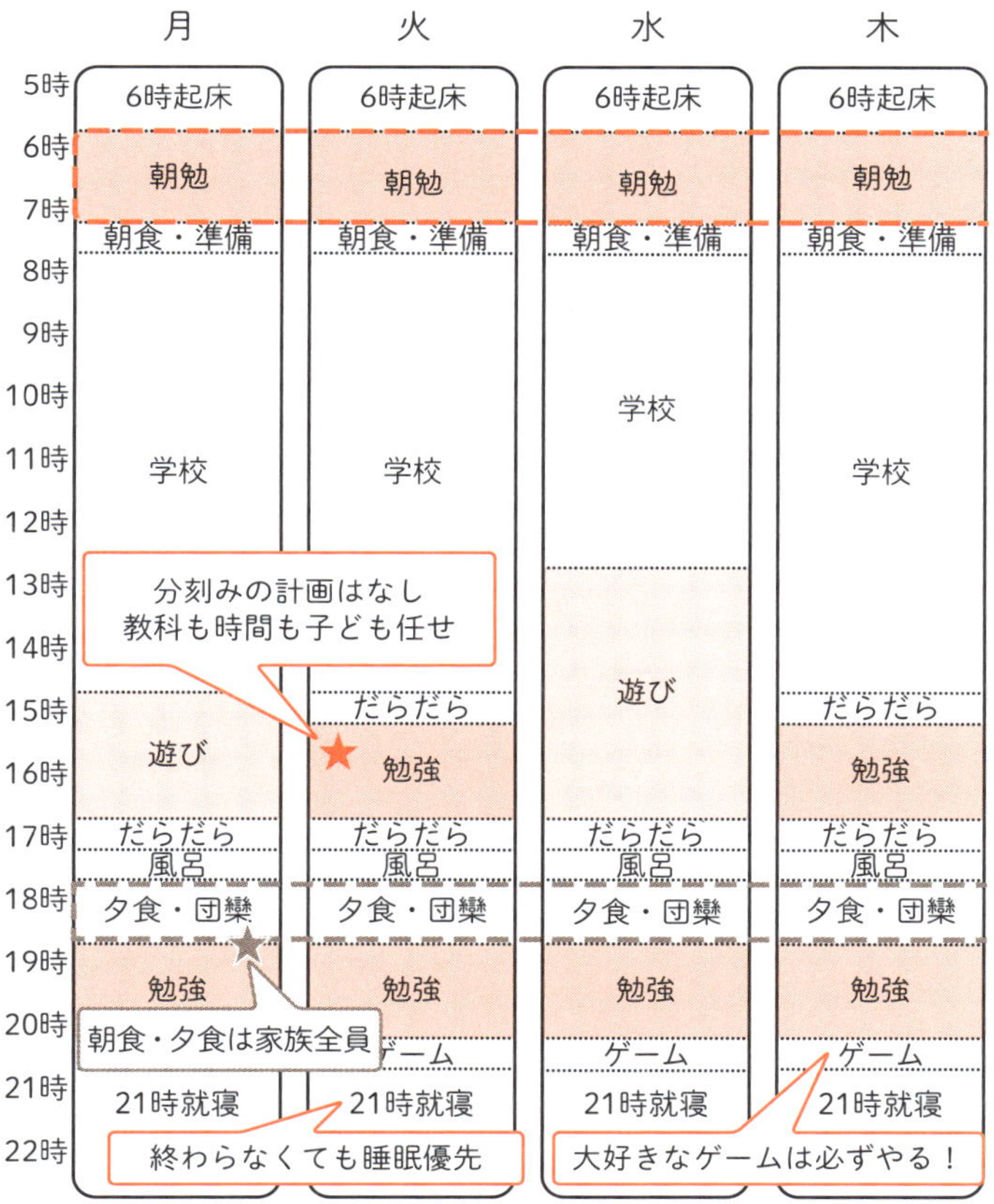

※5年生から変更する点

・平日の遊ぶ日は減らし、夏には水曜だけに
・21時まで勉強、21時30分就寝に

第5章

おうち勉強法「合格貢献度」ベスト10

「自走」「通塾なし」をベースにした
オトクサ家独自の勉強法を、
効果が高かった順にランキング形式で紹介。
それぞれに向いている教科、実践方法、
効果についてお伝えします。

第1位　スーパー先取り学習

〈教科〉全4教科
〈内容〉
●小学4年生までに受験範囲を終わらせるスーパー先取り学習
〈目的〉
●早い時期に中学受験範囲を俯瞰させることで、高学年では親と目線を合わせて課題に取り組める状態を目指す

第4章でも例を挙げましたが、**小学4年生までに中学受験範囲を終わらせる「スーパー先取り」**は、かなりユニークな学習法です。

4年生：『中学受験 新演習』のカリキュラム終了（いいよ、ざっくり覚えれば）
5年生：単元別に分けて問題演習（絶対忘れてるからここで再インプット）
6年生：過去問や模試プリントでひたすら実践演習（最後にアウトプット訓練）

「スーパー先取り」の目的は、中学受験全体を頭で把握するだけでなく、一度学習することで実感すること。そのため、一度で完璧にしようとも思っていません。つまり、**発展問題のような応用はまずは無視して、基礎問題だけをざっとやります。**

算数・国語・理科・社会の4教科すべてで先取り学習を実践しましたが、特に効果を実感できたのが算数でした。

それは、算数は他の教科と比べて、以下のような特徴があるからです。

1 理解度の確認が明確

- 計算問題なら正解・不正解がはっきりしている

- 文章問題でも解法のステップが明確で、どこでつまずいているかがわかりやすい

❷ 学習量の調整が容易

- 基本問題が理解できていれば、類題は最低限に抑えて応用問題へ取り組める
- 逆に理解が不十分な場合は、同パターンの問題を集中的に解く時間にあてられる

❸ 体験や精神的な成長に左右されない

- 理科・社会と比較して、知識や経験がなくても取り組める
- 問題を解く上で、語句の説明や漢字の読み方など余計なインプットをせずに済む

先ほども例に挙げたとおり、「和差算」の単元で基本が理解できていれば、演習を3問程度に抑えて次の単元に進む一方で、「時計算」の単元でつまずいていれば、2週間かけてじっくり学習する、といった具合に柔軟な調整が可能でした。

国語については、長男の場合、高学年にグイッと理解が進みました。このことから、**子どもの心の成長やさまざまな体験、また理科・社会で学ぶ基礎知識が、国語の文章読解に影響を与えた**と考えられ、低学年では読解まで手を広げず、漢字と語彙力に全

振りしていてもよかったかなという後悔もあります。

理科・社会については、小学4年生の段階で中学受験の範囲をひと通り学習しましたが、その時点では定着率は低く、ほとんどの内容を忘れてしまいました。たとえば、「江戸の三大改革」を早い段階で学習しても、半年後には「享保？　水野忠邦？……誰だっけ？」というレベルまで忘れていたのです。

しかし、この「一度学んで忘れた」という経験が、実は大きな意味を持っていました。受験に向けて本格的に暗記を始めた時、次のような効果が表れたのです。

- 「あ、これ知ってるかも」という既視感があり、心理的な抵抗が少ない
- 前回の学習で印象に残った部分が、記憶の足がかりになる
- 2回目の学習なので、理解がより深まり、関連性も見えやすい

つまり、**完全な初見での学習に比べ、かつて「うすーく」でも学んだ経験があるこ**

とで、最終的な習得がスムーズになったと考えています。理科では、植物や動物を横並びに比較できる、歴史では時代ごとではなく政治だけを時代で比較できるなど、一度見たことがある内容は、2回目の学習で比較しながら考えられることで、グッと理解が深まりました。

ちなみに、先取り学習ならではの特徴として、学習計画をすべて終えた後、理科・社会を単元別に復習する時間が十分に取れるという点があります。1冊ずつ問題集を解くのではなく、例えば、「一問一答形式問題」「文章読解問題」「記述問題」といった異なる3冊の問題集それぞれで同じ単元のみを勉強することで、より理解が深まるように工夫しました。

第2位 目で解く訓練

〈教科〉主に算数
〈内容〉
●問題文を整理して表を書く、きれいな円や立体を書く、移動図形の軌跡を書く
〈目的〉
●視覚で捉えることで理解を早める、ミスを減らす

これは主に算数で役に立った方法です。

たとえば問題文に「Aくんは時速5kmで、Bくんは時速6kmで歩く」と書いてあったら必ず上下に並べて一目でわかるように書くということです。これを聞くと

「ふ〜ん、当たり前じゃん」そう思いますよね。でも、子どもは意外にやらないんです。問題文に線を引いてるだけだったり、問題文が複雑になったら、整理して書き出すことが抜け落ちたりするんです。

しかしきちんと問題文を整理して表を書く、きれいな円や立体を書く、移動図形の軌跡を書くことで、問題文を読むだけでは解けない問題が解けるようになったり、簡単な問題でも凡ミスを防ぐことにつながります。

わざわざ「訓練」と書いたのは、

●最後まで解かなくていい

●スピード感を持って条件だけ整理して書く

というように、視覚で捉える部分だけを徹底したからです。

なぜ視覚で捉えることが大事かというと、解いている途中に条件を見返すことが必ずあるし、見ることで数字の関係などの発見につながることもあるからです。そのため、最後まで解くと計算等で時間がかかってしまうので、とにかく問題文を見て、パッと短時間で整理する訓練をしました。どうせ解くなら最後までやればいいのにと思うかもしれませんが、計算練習がスピードアップやミス防止を目的とするのと同じで、この訓練はあくまでも整理する癖の訓練だから必要なしと考えました。

この「目で解く訓練」は、小学校の授業の合間にもやりました。小学校で算数の問題を解く時間があると、中学受験を目指す子どもたちは早く終わって時間が余ることが多いと思います。オトクサは、その時間にぼーっとしてるくらいなら作図して時間を活用しようと提案しました。今日は正六角形書いてとか、おうぎ型が正方形の周りを動いたの書いてとか、作図がきちんとできて初めて正解につながる「作図が命」の問題もあるので、その練習です。算数の勉強でもあるのだから、学校の授業中にやってもいいでしょう。

おすすめは、問題用紙の裏側を大きく使うことです。問題文の隙間にちょこちょこ書くとミスする可能性が高いので、1枚目を解いている時は2枚目の問題用紙の裏を使うのです。

第3位　毎朝テスト

〈教科〉算数

〈内容〉
- 小学6年生の夏休みから1月31日まで、毎朝55分のテスト

〈目的〉
- 時間を計ってテストを実施することで、焦りから発生するケアレスミスを減らす

「朝勉」のところで少しお話ししましたが、過去問や難関校の対策テストをメルカリを駆使して大量に収集し、**夏休みから受験前日までの約200日間は、ほぼ毎朝算数のテストを実施しました。**朝ご飯を食べながらオトクサが丸つけ、小学校から帰った

らそのやり直しというイメージです。第3章でお話しした通り、基本的にはやり直しまでをセットにしていましたが、毎朝の算数テストだけは時間がないので例外でした。

「塾で受ける模試ではできなかった問題が、家に帰ってもう一度解いたらできた」という経験は誰しもがあると思います。ほとんどの場合は、無意識に制限時間のプレッシャーを感じて計算ミスをしたり、図や表を書く工程をきちんと踏んでいなかったりするからだと考えています。

少しでもそういったミスを避けるためにも、できる限り時間を計って解く。しかも5分短く設定してテストをする。そんな訓練を半年以上かけてやりましたが、この訓練で2つの傾向が発見され、その克服に成功しました。

1つ目は、「長男のケアレスミスは、計算間違いではなく問題文の読み間違い」だということです。せっかく正解を導き出しているのに、設問で問われている内容と異なる解答をするというとてももったいないミスで、毎度私も呆れていました。

その例としては、次のイメージです。

- 図形問題でA：Bを解答すべきなのにB：Aで解答するなど比の順番を逆にする
- 速度問題で聞かれている兄ではなく弟の速さを解答するなど、異なる対象を答える
- 1／□や8□1など「□に当てはまる数を答えなさい」を見落として□だけでなくすべての数字を答える

この傾向が判明してからは、「何を聞かれているか、問題文を必ず最終確認したうえで、解答用紙に記入する」という当たり前の意識を高めました。

2つ目は、「長男の見直しは、できなかった問題へのトライが最優先」だということです。ある程度考えても解けない問題は飛ばす、そしてすべての問題を解き終えた後に、時間が余っていたらできなかった問題に再トライする。この方法は一見正しいようですが、本当にそうでしょうか？

長男の場合は、解けなくて飛ばした問題は、テスト時間中に再トライをしても解けないことがほとんどでした。一方で、答えは導き出せたものの確信が持てない問題は案の定点数を落としていることも多くありました。

そこで、テスト中に全問題の番号部分に記号を書くことを提案しました。

- 答えに自信があって、見直しの必要がない　…　○
- 答えは書いたが、計算が複雑だった、もしくは自信がない　…　△
- 答えを書けなかった、わからなかった　…　×

ここで大事なのは、○か×かではなく、問題を解きながら○と△を見極めることです。そして、これまでは真っ先に×に取り組んでいた見直し時間の使い方を、まずは△マークに取り組み、できる限り○に近づけること、つまり**空欄以外の解答の正解率を高めることに戦略を切り替えたのです。**

これはいい取り組みだったと考えているので、次男は小学5年生の夏休み以降、できる限り毎朝算数のテストに取り組んでいます。

第4位　誤り直しノート

〈教科〉国語

〈内容〉

- 間違えた問題において「なぜ間違えたか」の理由と「模範解答」の書き写しを行う

〈目的〉

- 自身の記述内容や選択記号が、きちんと根拠に基づいた解答になっていたかの気づきを与える
- 正しい解答を書き写すことで、文章のパターンや言葉の使い方を身につける

これは、井上秀和さんの『中学受験国語 文章読解の鉄則』（エール出版社）で紹介さ

れていた内容を参考にして取り組み始めました。

どのようにノートを作るかというと、次の手順です。

①横線のみのA4ノートを横向きにし、真ん中で線を引き、上下のスペースに分ける
②問題を解く際は上の部分に記号や記述の答えを書く
③答え合わせの際は、自分が書いた解答の左側に正しい答えを書き写す
④下に、なぜ自分がその解答をしたかの理由を考察し、きちんと言葉で書く
(例：設問の…部分の意図に気づかなかった、文章中の…が重要だと思った)
⑤正しい解答をするために、本文中のどの文章や表現に注意すべきだったのかを書く

こういう本で紹介されている勉強方法は、ほとんどの方が「めっちゃ、いい！」と思うはずなんですが、実際取り組むご家庭は少ないのではないでしょうか。なぜなら、子どもが面倒くさがるからです。特に、この「誤り直しノート」は効果が高いもののかなり時間がかかり、下手すると問題を解く時間よりも長くなります。

第3章で書いた通り、「問題を解き終えて丸つけまでがセット」「やり直しの方が時間かかるのが当たり前」この考え方を子どもとしっかり共有することで、取り組みやすくなると思います。それでも子どもは怠けてしまうものなので、ときどき抜き打ちチェックが必要です。

実際にやってみると長男自身も納得感があり、力がついた実感があったようです。まだまだ国語の成績が悪い次男も、小学5年生の秋からこの取り組みをスタートしています。

ちなみに、ブログを運営されている方はご存じかと思いますが、自身のブログ経由でネット購入されたものについて、日付と数量が調べられます。オトクサブログを通じて購入された参考書1位はこの『文章読解の鉄則』。なんと200冊以上も購入されています！

誤り直しノートの例

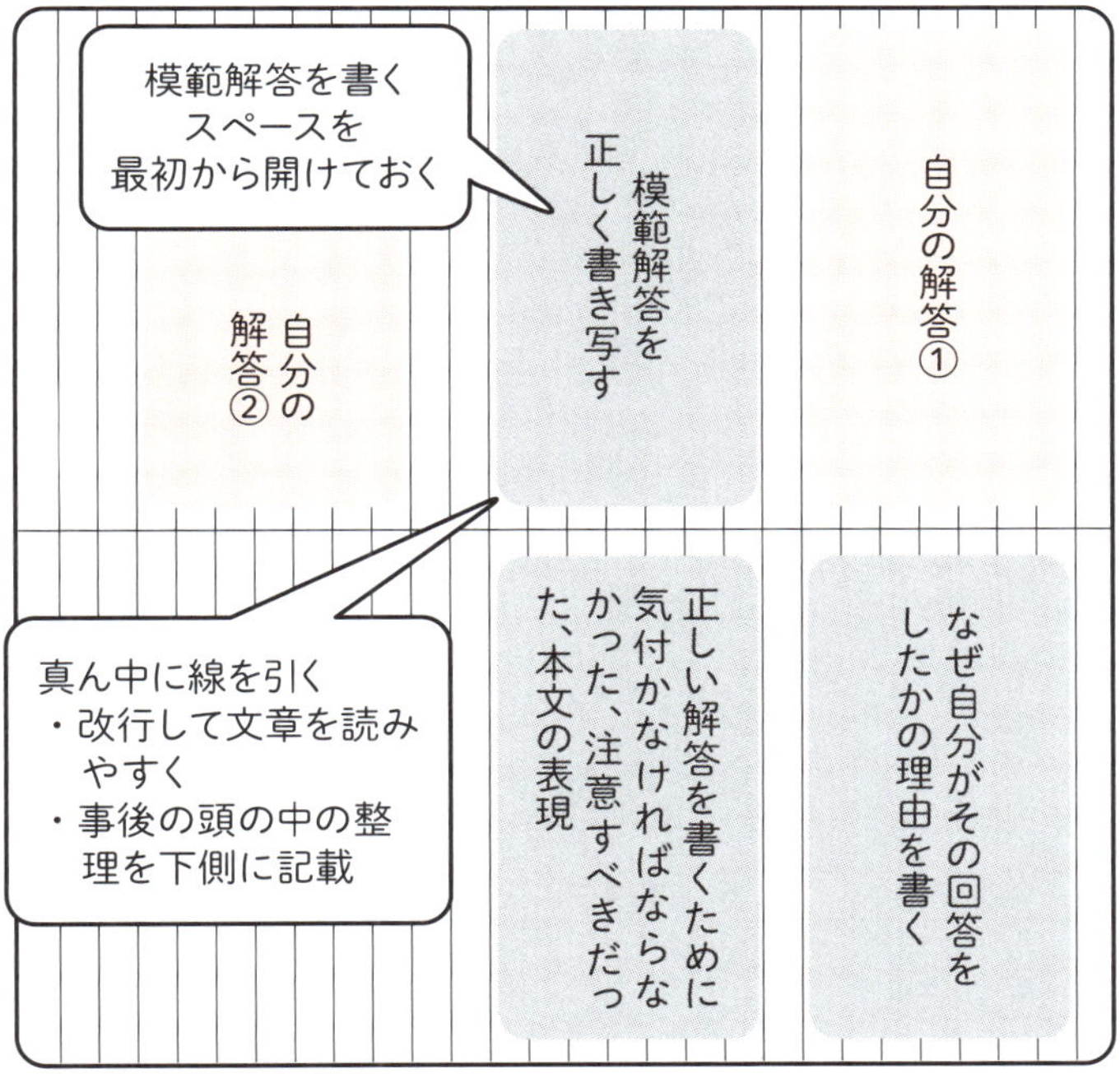
模範解答を書くスペースを最初から開けておく
自分の解答①
模範解答を正しく書き写す
自分の解答②
なぜ自分がその回答をしたかの理由を書く
正しい解答を書くために気付かなければならなかった、注意すべきだった、本文の表現
真ん中に線を引く
・改行して文章を読みやすく
・事後の頭の中の整理を下側に記載

第５位　最難関テストの保護者会

〈教科〉　４教科

〈内容〉

● 塾が開催する最難関模試の保護者会へ出席

〈目的〉

● トップ校冠クラスの先生はどういった教え方をするのかを知る

これだけは「子どもの勉強法」ではなく「親の勉強法」です。私自身がもっとも中学受験について知れた、特に国語の考え方を勉強できたのは、早稲田アカデミーのNNコース保護者会への出席だったためここに挙げました。最難関テストの保護者会であればどの塾のものでもいいと思います。

「NN」とは、「なにがなんでも」の略です。子ども達からも、単に面白いネーミング程度としか思われていないこの「NN」という言葉も、受験直前期には早稲アカ生徒の誇りに変わるようです。数年に及ぶ自分自身の努力、サポートしてくれた先生や保護者への感謝の気持ちから「なにがなんでも」合格したい、そういう想いに変わっていくためです。

塾が主催するさまざまな模試は、無料で受験できるものが多くあります。NN志望校別オープン模試もその一つで、長男はこの開成模試を何度も受験しました。子どもがテストを受験している間に開催されている保護者会は、各教科の勉強ポイントを解説してくれます。国語の記述問題の考え方だけは知っておいた方がいいと思って色々なYouTubeを漁ったこともありますが、この保護者会ほどわかりやすい解説はありませんでした。

私の記憶に残っているのは、**〝「感性」に頼らず「分析」で解く！〟**というフレーズ。

問題作成者は、必ず本文に書かれている文章やキーワードを元に問題を作成します。なぜなら、何かしらの根拠に基づいた解答でなければならないからです。第4位でお話しした「誤り直しノート」のポイントは、まさにここです。丸つけをして解答を写した後、では**この解答に至るためには、本文内のどの部分に気づく必要があったのか。**見落としている描写はないか、比較の構図になっているポイントはないか、そういった視点でも文章を読む必要があるということを知りました。

また、設問文をきちんと読み解くことの重要性も、この保護者会で知りました。特に、これまで気にかけたことすらなかったのが「助詞」です。記述問題の設問文で、〝も〟、〝こそ〟、〝さえ〟、こんな助詞があった場合に、気づいているのに解答に反映していないことが多々ありました。

たとえば次のような設問です。

設問：「私も逆上がりを成功させたいと思ったのはなぜですか？」
不完全な解答：普段私を褒めることがないお母さんに、褒めてもらえると思ったから。

より良い解答：友人が逆上がりに成功してお母さんに褒められている姿を見て、羨ましく思い、私も成功させれば、普段私を褒めることがないお母さんに、褒めてもらえると思ったから。

〝も〟という助詞があれば、誰と／何と？同じなのかをきちんと解答に反映させなければならないこと、〝も〟に気づいていたよ、というアピールを採点者にしなければならないこと、それを保護者会で初めて知りました。

このように、国語の勉強を伴走している方には特におすすめです。できれば、難易度がトップに位置する模試の保護者会に参加するのがいいと思います。「他の塾に通っているから」とか「子どもがそんなレベルじゃないから」といった理由で受けることができない……もちろん、そう思う人もいるかもしれません。ただ、そんなことは気にせず、「全然できなくていいから！」と伝えたうえで子どもにチャレンジさせるのも手だと思います。

第6位　YouTube「理科・社会」最強説

〈教科〉主に理科・社会
〈内容〉
● 理科・社会はとにかくYouTube、移動時はとにかくYouTube
〈目的〉
● プロに任せて視覚でインプット&親がラクできる

ハイ！　ここでYouTubeの登場です！

中学受験勉強を始める前は「YouTubeは完全に悪」だと思い込んでいました

が、中学受験に挑戦を始めてから見る機会が増えました。というのも、実際に子どもに役立つ動画がたくさんあるからです。子どもにわかりやすい動画はないかな、と探すこともあります。特に理科と社会はいろいろな塾の先生が単元別に解説動画をアップしていて、わかりやすいものが多いのでバンバン見せています。

新単元を勉強するとき、オトクサ家ではこうしています。

1．まずは参考書を一緒に勉強する。（わが家の場合は、全員が『新演習問題集』）
2．どのチャンネルでもいいのでその単元のＹｏｕＴｕｂｅを見る。
3．２で見たのとは別のチャンネルで同じ単元を見る。

長男・次男は、圧倒的に歴史関係を見ることが多かったです。オリエンタルラジオの中田敦彦さんの「ＹｏｕＴｕｂｅ大学」の歴史動画にハマっていました。しかしこの動画は、歴史の単語や年号を覚えたい方にはおすすめしません。まずは参考書等で歴史の基礎知識を学んだあとに、「歴史上の出来事の因果関係や流れ」を理解するのに適しています。あやふやでも知っている歴史ワードがこの動画を通じて、つながっていくイメージですね。

また、NHKの「歴史にドキリ」は、歴史上の重要な出来事を、俳優の中村獅童さんがラップ調の歌とダンスでわかりやすく解説してくれます。面白くて勉強になるのでおすすめですよ。

オトクサ家のおすすめYouTube

国語

- 「受験ドクター」国語読解方程式　物語文の心情記述の方法
- 「ホンネで中学受験」物語文の記述を制する方法
特に記述の考え方を学べる動画が役立つ

社会

- 「歴史にドキリ」中村獅童さんがラップ調の歌とダンスでわかりやすく解説

●「中田敦彦のYouTube大学」出来事の因果関係や流れ、歴史上の人物の気持ちなど、あやふやでも知っている歴史ワードがこの動画を通じて、つながっていくイメージ

理科

●「中学受験のrestart」アニメーションでわかりやすく解説
●「こばちゃん塾」ホワイトボードを使用した授業形式

いずれも算数など他の動画もあるが、特に理科の単元別授業動画をわが家は重宝

第7位　ケアレスミス分析

〈教科〉算数

〈内容〉

● ケアレスミスの種類・要因を分析し対策する

〈目的〉

● 無駄な失点を防ぐ

長男の場合は、「問題の読み飛ばし」「図形における思い込み」が課題だったので、その点を意識して日々の勉強に取り組みました。

「ケアレスミスに気をつけて、できる問題で確実に点を取りましょう」――こんなアドバイスを受けたことはありませんか？　言うのは簡単ですが、実際はなかなか難しいものです。

「ケアレスミス」と聞くと、多くの方は計算ミスを思い浮かべるのではないでしょうか。しかし実際には、計算ミスはケアレスミスの一つに過ぎません。まずは、お子さんがどんなケアレスミスを起こしやすいのか、その傾向を把握することが重要です。

よく見られるケアレスミスの種類は以下の通りです。

1 純粋な計算ミス

- プラスとマイナスの符号を間違えてしまう
- 九九や繰り上がりの計算を間違えてしまう

2 解答方法に関するミス

- 記号で答えるべき問題に言葉で書いてしまう
- 複数の設問で、解答欄を1つずつずらして書いてしまう

3 解答の転記に関するミス

- 計算用紙では正解なのに、解答用紙に写し間違えてしまう

● 文字の書き方が雑で、0と6、4と9などを間違えてしまう

④ 問題文の読解に関するミス

● 同じ速さ・逆回りなど、問題文に書かれている重要な条件を読み飛ばしてしまう
● 図形問題で、条件を確認せずに、直角や平行だと見た目で思い込んでしまう

長男の場合、算数のケアレスミス対策として次の3段階で取り組みました。

その1　ケアレスミスの種類分析

● 間違えた問題について、途中式や計算をしているノートをチェック
↓ 計算ミスは少なく、そもそもの数字や式がおかしいことが判明
● 問題文を声に出して読ませる
↓ 読み飛ばしていた箇所や思い込みに気づき、「問題文の読解ミス」が圧倒的に多いことが判明

その2　ケアレスミスの要因を分析

● 読み飛ばしの原因特定

↓特に図形問題で、問題を読まずに先に図を見てしまっていた

●模試で特に多いミスの傾向を把握

↓制限時間のプレッシャーで、無意識に問題文を急いで読んでしまっていた

その3　子ども本人への意識づけ

●分析結果を共有し、対策を本人に考えさせる

●具体的な行動として、

1. 自宅勉強でも必ず時間を計り、読み飛ばさない練習をする
2. 鉛筆で条件部分をチェックして視覚に残す

大事なのは子ども本人がミスしやすいポイントを意識することです。このような段階的な取り組みによって、テスト本番でも極端に焦ることなく、実力を発揮できたのだと思います。

第8位　自宅受験で癖チェック

〈教科〉　4教科
〈内容〉
● 模試の自宅受験の際に、横に座ってテスト中の様子をチェックする
〈目的〉
● テストならではのミスが起こる要因は何かを見つける

「自宅受験」とは、塾主催のテストで、通常は塾の教室や決められた会場で受けるものを、自宅でも受けられるテストのことを指します。以前もあったのかもしれませんが、コロナ禍での対策として自宅受験への取り組みが増えたのかもしれません。

オトクサ家が受験した自宅受験は、次の3つの塾主催テストです。

- 浜学園：灘中日本一模試
- 馬渕教室：灘中合格判定模試
- 早稲田アカデミー：NN志望校別オープン模試

郵送やメールなど、塾によって解答用紙の提出方法は異なりますが、いずれも手間はかかりません。そしてなんと、いずれのテストも無料で受けることができました。もちろん、平均点や順位などの成績詳細ももらえます。

〈自宅受験のメリット〉

- 受験会場まで移動する必要がない
- 遠方のテストが受験できる
- 受験する時間の融通が利く

〈自宅受験のデメリット〉

- 日常と同じ環境なので緊張感に欠ける
- 生活音が気になって集中できない
- 親がテスト時間を管理する必要がある

オトクサ家では、小学6年生の夏前に長男が「馬渕教室灘中模試」を自宅受験した際、私がずっと隣に張りついて、改善できるところはないかチェックしました。

- 目や手の動き、姿勢
- メモ書きや計算
- 時間配分

これらは問題ないだろうか。ずーっと横で見ていました。

その間、長男は嫌そうにしてましたね。1教科が終わるたびに、「ウザい」って言っていました。「意識するなよ!!」って何回も言い返したのですが、そりゃ無理ですよね。

当時のメモを見ると、普段問題集を解いている時には意識できていることが、制限時間内で少しでも良い点数を取りたいと思って受験するテストにおいては、できていないことがよくわかります。

〈気になったポイント〉

- ひたすら前から順番に解いている
  →全問題を俯瞰できていない（例．理科は生物を先に、物理を後回しにすると良い）
- 問題文に自信の有り無しチェックができていない
  →正解の確度を高める意識ができていない（第3位の「毎朝テスト」参照）
- 時間配分がおかしい
  →飛ばすかどうかの判断力がついていない（例．問2の80文字記述で苦しみ10分経過）
- 記述問題で、思いついたまま書き始めている
  →練習ではできている「まずはキーワードで全体構成」が実践できていない
- 算数で問題文近くの狭いスペースで解こうとしている
  →広いスペースや問題用紙の裏に書くことが実践できていない

それ以外にも、姿勢が悪かったり、問題用紙の角をいじっていたり、さまざまな癖が見えてきます。動画で撮影して、本人に見せるのも、自宅受験ならではの有効な手段です。私自身、自分が仕事でプレゼンしている動画を撮影してチェックしたことがありますが、次は注意しようと思う気づきがたくさんあるものです。親が言うよりも、子ども本人に動画を見せ、意識させるのもいいかもしれません。

第9位　長期休暇での達成感

〈教科〉　4教科
〈内容〉
● ゴールデンウィークや夏休みなどの長い休みには、1つのことをやり切る！
〈目的〉
● 達成感によって、「やり切った！」「力がついた！」と、子どもに自信をつけさせる

長期休暇では、満遍なく広範囲の勉強で底上げする、弱点を克服する、という考え方ももちろんありますが、オトクサは**長期休暇は自己肯定感を高める絶好のチャンス**だと思っています。

「この問題集を1冊制覇した！」「300時間勉強した！」など、「夏休みはコレやったぜぇ!!」と叫べることをやらせてあげたいのです。

そのために大事なことは3つです。

❶ 必ず数字で目標をもつ

これはわかりやすいですね。よくある「苦手単元の〝天体〟を克服する！」みたいなのは目標としてはNGということです。なぜなら、達成できたかどうかの判断もできないし、目標とする子どもの自己肯定感アップにつながらないからです。この場合は、「苦手単元の〝天体〟だけに絞って、問題集を5冊解く！」といった目標にするといいです。

❷ ギリギリ達成できる目標を親がコントロールする

これは親の力量が試されます。達成できるであろう目標を設定した上で、別の課題の量を調整することで、ギリギリ期間内に達成させます。つまりは、1日でもサボれば達成できないような困難な目標は立てない。その上で、別の課題などを合わせて見せながら、「全力で取り組まないと達成ができない目標だ」と子どもには思わせるのです。

③ ゴールよりもスタートを大切にする

今日からスタートだ！と全力で目標に取り組めるように、長期休暇に入るまでに通常勉強の心残りがないように段取りをしておきます。具体的には、今取りかかっている問題集がキリよく終わるように、教科ごとの時間配分を変えたり、ほどよい遠回りの別課題に取り組ませたりしていました。

オトクサ家の夏休みの目標例

- **三男（小4の夏休み）**

『浜学園公開テスト〈算数〉小5』の3年分36回を毎朝解く！

- **次男（小5の夏休み）**

『灘中・開成中・筑駒中　受験生が必ず解いておくべき算数１０１問』（エール出版社）
この１冊を解く！

●**長男（小６の夏休み）**
第２〜第４志望校の過去問、計30年分×全教科を解く！

このように、少なくとも一つは定量目標を持って達成感を味わせると、子どもの自信につながりますよ。

第10位 あらゆる塾の模試受験

〈教科〉 4教科
〈内容〉
●四谷大塚／早稲田アカデミー／日能研／サピックス／エルカミノ／ジーニアス／浜学園／馬渕教室など、さまざまな塾主催テストを片っ端から受験
〈目的〉
●さまざまな環境でのテストに慣れると同時に、ライバルと比較した立ち位置を把握

模試代だけでとんでもない費用だ！と思うかもしれませんが、一部を除けば、実は無料の模試はとても多いのです。通塾生が毎月のように受験する各塾主催テストは、

塾外生も受験可能ですが費用がかかるため受験していません。

そんなケチなオトクサでも、「開成模試」といった志望校の冠がついた模試については、費用がかかっても受験します。なぜなら、同じ志望校を目指すライバルたちとの実力差を把握したいことはもちろん、志望校のテスト形式で問題を解く経験を増やしたいからです。そのため、メルカリで販売されている過去の模試についても購入して、自宅勉強のひとつとして取り組んだこともあります。

通塾されている方は自塾の模試が中心だと思うので、わが家は**「日本一色々な塾の模試を受験した」**と勝手に謳っております。

「模試のために時間を使うくらいなら、苦手な単元の演習に時間を使った方が良いのでは？」という考え方も当然あるでしょう。また、なんとなく「他塾の模試を受けたくない」と思われる方もいるかもしれません。

他塾の模試は、履修進度が異なっていたり、普段とは異なる問題形式だったりで、自塾の成績より悪い結果になることが多いようです。精神的に落ち込み、今の勉強方法ではダメだと考える家庭も少なからずいる、もしかすると転塾が頭によぎるかもしれない。そういった理由で、塾の先生が他塾の模試を積極的に受験するようなアドバイスはしないのかもしれません。

しかし、**複数の塾の模試を受験することには、次のような思わぬメリットがあります。**

1 多様な問題形式への対応力が養える

たとえば「応仁の乱」が問われる場合、年号を答えるのか、関連する出来事を選択するのか、それとも背景を記述で解答するのか、塾によって問題の特色が異なります。本番で想定外の問題形式に出会っても慌てない力が身につくのではないでしょうか。

② 精神力が鍛えられる

毎回「他流試合」です。新しい場所、知らない子しかいない教室、初めて会う先生。もちろん受験本番とは天と地ほど気持ちの面で異なりますが、環境という点では本番を見据えた訓練になります。

③ より正確に実力の把握ができる

同じ実力でも、塾によって判定に差が出ることがあります。複数の結果を見ることで、より客観的に現状を把握できます。

④ さまざまな視点からのアドバイスが得られる

各塾の保護者会では、異なる視点からの解説や対策法が聞けます。「この時期に何を重視すべきか」の判断材料が増えます。

時には午前と午後で異なる塾の模試を受けることもありましたが、子どもたちは大変だという気持ちはまったくなかったとのこと。普段やり直しまでをセットにしているため、受けっぱなしのテストは勉強した気にならないようです。

加えて、8人きょうだいのオトクサ家の子どもにとっては、テストの日は親と2人で外食ができる特別な日。次男・三男も口では文句を言いながらも、テストの日を楽しみにしています。

オトクサ家の日常：負けられない戦い

親子2人で外出できる模試は、
貴重な息抜きになります。

第6章

「おうち勉強」の疑問解決Q&A

中学受験においてよくある疑問や不安に対し、
オトクサ家の実体験に基づいた回答を
Q&A方式でお伝えします。
「常識」とされることへの新しい視点を
提案します。

Q1 過去問はいつから取り組みましたか？

小学5年生の2月から、つまり本番の1年前から難関中学校の過去問に挑戦しました。解けなくてもいいので、「目指すはこのレベルだ！」を知ることが大事だと思います。

「過去問はいつから始めるべきか」という質問をよく目にしますが、実は、普段取り組んでいる問題の中で、既に多くの過去問に触れています。たとえば、市販の問題集を見ると「（2019年〇〇中学）」と出典が記載されているのを見かけますよね。

では、あらためて「時間を計って過去問を解く」のはいつから始めるべきでしょうか。一般的には小学6年生の秋以降と言われますが、オトクサは志望校が決まった時点で、まず1回トライすることをおすすめします。その理由は、次のようなものです。

- 各学校独自の問題形式や出題傾向を知ることができる
- 志望校の問題レベルを体験することで、現時点での実力の差を認識できる
- 目指すレベルが明確になり、学習意欲が高まる

「1回分の過去問を無駄にしてしまう」という声もよく聞きますが、心配することはありません。問題を覚えている子は合格できると思っていいくらい、子どもは忘れてしまうものです。

たとえば長男の場合、受験の1年前（2022年2月1日）に四谷大塚主催の「開成入試同日体験受験」に挑戦しました。これは、6年生が受験した本番の入試テストを、その日の夕方に5年生が受験するという内容です。

しかし、実際の受験直前に同じテストを解いた時には、1年前に解いた記憶はまったく残っていませんでした。

たとえ忘れてしまっても、早い段階で本物の入試問題に触れた経験は、その後の学習の道しるべとなったと思っています。

Q2 過去問は何年分を何周やりましたか？

よく「第一志望校は10年分、第二志望校は5年分、他は3年分に取り組みました」とか、「1回目は歯が立ちませんでしたが、2回目には合格者平均点を超えるようになりました」などといった声を耳にしますが、各家庭によって過去問に取り組む量は異なるでしょう。

オトクサ家では、第一から第三志望校までは13年分、**理科・社会はさまざまな学校の過去問をそれぞれおよそ100校分解きました。** 特に理科・社会は、アウトプットの訓練としてなるべく実践形式の問題をやらせたいと思い、数多く取り組みました。一度解いた後は、国語の記述と算数の間違えた問題だけはもう1度解き直します。基本的に2回目はやりません。

同じ問題が出題されることはないからという意味ではありません。もちろん1回より2回解いた方がいいです。ただし、その時間があるなら解いたことのない新しい問題に挑戦した方がいいという考えです。「2回目は点数アップしました！」なんて、やり直しをしていれば当たり前ですからね。

ちなみに中途半端な13回という数字は、『有名中学入試問題集』（声の教育社）を直近から3年分買っていたので、4年前から遡った10年分の過去問をメルカリで購入したということです。

Q3 過去問は実物大にコピーして取り組みましたか？

過去問については「できる限り受験本番に近い環境でテストができるように実物大にコピーする」という方々もいるようですが、オトクサ家ではコピーは取りませんでした。ぶ厚い問題集をそのまま、ページが閉じないように左手で押さえながら解いていました。解答用紙も小さいまま使用し、計算だけは別の紙を使いました。

「できる限り受験本番に近い環境」という言葉をよく耳にしますが、オトクサはほぼ気にしません。受験本番は、場所も違う、机も違う、雰囲気も違う、そして何より本人の気持ちが一番違います。

仮に定量的に置き換えるとして、自宅での過去問取り組みが1、受験本番が10とした時に、コピーすることで1近づけられるのであれば意味があります。しかし、そもそも過去問が1だとしたら、本番は100万くらい違うものだと思っています。コピーして1近づけたとしても、大勢に影響がないのです。

また、**いちいち拡大コピーをしていたら、子どもは一人で過去問に取りかかれず、毎回親が準備することになります。**もちろん塾に提出する宿題がある場合は仕方ありませんが、「コピーの負担が大きい」というのは受験生の保護者によくあるお悩みです。

子どものためにコピーしたり、プリントを整理したり、できることを全部やろうという気持ちも大事かもしれません。しかしオトクサ家では、コピーにこだわる必要はないと考えました。

実際、ぶ厚い問題集のページが閉じないように左手で押さえ、小さい解答用紙に答えを記述していた長男は、模試やテスト本番を快適に受験できたようです。まるで「練習中は重りを背負って走るアスリートのようだ」と笑っていました。

Q4　きょうだいのいる家庭ならではの勉強法はありますか？

オトクサ家の場合、長男の受験直前期は「長男：6年生・次男：3年生・三男：2年生」、現在は「次男：5年生・三男：4年生・四男：2年生」という学年で中学受験に挑んでおり、3歳差・2歳差・1歳差の子どもの勉強を体験してきましたが、中学受験においては、一人っ子や年の離れたきょうだいがいる方が有利であり、親の負担も少ないのは間違いないと思います。

しかし、その中でも見つけた、きょうだいならではのメリットについてお伝えします。

① 下の子に教えるのは一石三鳥

オトクサが外出中に算数でわからない問題があった場合、三男や四男は先送りにせず長男や次男に聞くことにしています。また、弟の勉強において、理科や社会の新単元のインプットを、あえて「兄が弟に教える」という学習法で実践したこともあります。これは、兄にとって決して時間の無駄ではなく、自分がすでに学習を終えている単元について、復習しながら曖昧な部分を見つけられるという効果もあります。弟も勉強になるし、オトクサが教える時間も省くことができる、まさに一石三鳥な勉強方法です。

② 学習習慣がつけやすい

きょうだいが同じ時間に勉強するので、自分だけ怠けるという意識は自然と少なくなるのかもしれません。朝起きなかったら他のきょうだいが起こすので、朝勉の支え合いにもなっていると思います。

また、長男の勉強と遊び時間のバランスを見てきた弟達にとっては、それが当たり前です。次男や三男が、高学年になるにつれて1週間で友達と遊べる日数が減ることを受け入れていることはもちろん、いま1日中ゲームをしている五男も小学生になったら勉強しなくてはいけないことを理解しています。

兄が勉強で活用していたＹｏｕＴｕｂｅや電子辞書を遊び道具として触っていたため、既に使い方を体得しているのも強みかもしれません。

③ きょうだいで楽しく競い合う

教育家の先生は、「きょうだいで比べてはいけません」と注意しますが、スポーツやゲームのように楽しく競い合うことで学習意欲が高まるメリットもあると思います。

〈きょうだいで楽しく競うパターン〉

- 同学年時の模試成績比較：テストの点数や順位について「お兄ちゃんに挑戦！」と目標にする
- 学習時間の比較：勉強時間足りてないぞ〜の声かけ
- 計算や漢字勝負：アイツに負けるな！スピードや正確性の訓練

〈上の子の経験を活かすパターン〉

- 4教科の勉強量のバランス：低学年時は理・社より算数の比重を圧倒的に高めよう
- 教材や勉強法の見直し：上の子と同じことをすると苦手な分野がわかり内容を変えられる
- つまずきや重要ポイントの強化：兄の受験で学んだ重要ポイントを先取り学習できる

その他にも、書き込みをしていない問題集は、弟が活用できるという金銭的なメリットもあります。実際に次男の勉強では、『新演習問題集』以外はほぼ何も購入せずに、小学6年生を迎えようとしています。

Q5 博物館や実験教室などの実体験はしましたか？

「教科書で勉強するのと、現地で体験するのは全然違います。できる限り、親子で色々なところへお出かけしました」なんていう体験記を読むと、すごいなあと思います。

オトクサ家の場合、旅費も時間もなく、これといった実体験はしていませんでした。前述した知育教育や過去問の2周目と同様に、実体験は「やらないよりやった方がいい」という考えです。博物館や実験教室などの実体験は、確かに子どもの知識や経験につながるでしょう。ただ、そんな余裕があるご家庭は一握りなのではないでしょうか。

私は、**現場で見たり聞いたりする以上に、それについて親子で会話をすることが重要**だと考えています。極端に言えば、ＹｏｕＴｕｂｅでも、図書館にある図鑑でもいい、親子で一緒に見て会話できれば十分なのではないでしょうか。

実際にオトクサ家で行った工夫をご紹介します。小学6年生になる前の春休みに、オトクサと長男で「1日図書館デー」を作りました。目的は、ビジュアルでわかりやすい理科の図鑑や参考書を読み漁ることです。単元をひと通り終えて、問題集でさまざまな出題パターンを味わったこの時期だからこそ、あえて理科を視覚で振り返る機会を設けました。

オトクサ家の1日図書館デー

1. 受験と関連しそうな図鑑をピックアップ
●中学受験向けの本ではなく、春の植物だけで1冊、台風だけで1冊あるような専門的な図鑑
2. どんどん机に積み上げ、長男は写真を中心にインプット
3. オトクサは読み終わった本を随時返却しながら、新しく図鑑をピックアップ

4. 合間に長男と一緒に図鑑を読みながら会話

6年生になる前の貴重な1日でしたが、長男にとっては良い息抜きとなり、プランを立てた時から楽しみにしていました。「すごいね、この断層」「昆虫の口って全部違うんだねぇ」といった会話をしながら、楽しく1日を過ごした記憶があります。

その後、『ビジュアル理科事典』(学研)という理科図鑑の存在を知り、「最初からこれを買っておけばよかった」と思いました。中学受験に適した図鑑で、出題可能性がある写真が網羅され、丁寧な解説も記載されているためおすすめです。次男はこの図鑑を使用して勉強していますが、あえて図書館に行って図鑑を見ながら会話する1日も作りたいと考えています。

Q6 学校見学会や文化祭等には参加しましたか?

オトクサ家では、小学5年生の時に開成中学校の説明会に参加しましたが、それ以外は何も参加していません。

学校が開催する説明会や文化祭への参加は、各家庭それぞれの判断だと考えています。実際に足を運べば子どものやる気スイッチにつながりますし、保護者の新しい発見にもなるので、まったく否定はしません。実際、オトクサ家の三男は、長男が運動会で出場した「馬上鉢巻取り」に憧れ、開成中学校を受験したいと言っています。

しかし、受験する可能性があるからと闇雲に説明会に参加するのではなく、何を聞くのか、何が判断基準なのかを明確にして参加することが大切です。**判断基準を持たないまま漠然と参加すると、どの学校も素晴らしく見えてしまう傾向があります。**

よく学校の先生や生徒の印象の良し悪しが話題になりますが、それは偶然の要素が大きいと割り切った方がいいでしょう。もちろん学校としての大きな傾向はありますが、どの学校にも子どもに合う・合わない先生や同級生がいるものです。「雰囲気がいい！」「インスピレーション！」といった感想は、実際に通う子どもが感じ取るならいいのですが、親が感じる「何となくいい」という印象は意味がないと考えています。

わが家の判断基準はとにかく「学校へ通いやすいかどうか」です。通学時間が短いに越したことはありませんが、たとえば乗り換えて5駅なら、乗り換えずに10駅の学校の方が優先度が高くなります。

実際に通う可能性があると考えていた渋谷教育学園渋谷中学校には、平日の通学時間に長男と一緒に行ってみて、通学がつらくないかの確認をしました。

三男は開成中学校の運動会で心を動かされたため、兄と同じ学校を目標にしていますが、今のままでは到底届きません。2年後に心置きなくチャレンジできるように、受験日が2月1日以外で、通いやすい中学校のピックアップをしているところです。

Q7 子どもを叱ったことはありますか？

「子どもが自分から行動を起こすまで根気よく待ちましょう」というアドバイスをよく耳にしますが、オトクサの場合は以下のように区別して対応しました。

1 勉強の「内容」については叱らない

- 点数や理解度については叱らない
- 「自分が源」という考え方を意識
- 「理解が悪いのは、私の教え方の問題かもしれない」と一旦立ち止まる

点数が悪い、理解が悪い、何度言っても同じことを間違える、イライライライライ

ラ。これすごくわかります。私も怒り狂ったことが何度もありますが、これはグッと堪えないといけないポイントなんでしょう。

会社で受講したある研修で、「自分が源」という言葉を知りました。「問題の本質を把握し、自分が源と考え、他人や周りや自分を責めずに、目的・目標達成のためにできることを考え行動する」。このような考え方です。なるほどな、これは仕事だけでなくプライベート、そして子どもの受験勉強でもそうだなと思いました。

「理解が悪いのは、何度言っても間違えるのは、私の教え方の問題ではないのか」。一度、このワンクッションを意識するだけで、イライラは軽減されるのでぜひ試してみてください。

2 勉強への「態度」については叱る

- 時間を守らない、集中しないなどの態度はガンガン叱る
- 「中学受験生様」にならないよう注意
- 親への反抗と勉強しないことは別物と認識

オトクサの場合、**勉強への姿勢については、ガンガン叱ります。**「すねて勉強しなくなっちゃうから、叱らないようにしている」みたいなご家庭もあるでしょう。長い受験生活を子どもの機嫌に親が振り回される関係のままで乗り切るのは相当困難なので、親への反抗と勉強しないことは違う！と何とか理解させたいですよね。

注目したいのは、「叱る」か「褒める」かは子どもによって効果が異なるということです。

- 褒めると怠けるタイプ
- 80点で満足してしまうタイプ
- 叱られて闘志を燃やすタイプ
- 叱られても根に持たないタイプ

こういう子どもの性格では、「叱る勉強」と「褒める勉強」どちらが正しいでしょう？

「褒めて伸ばしましょう」という言葉はよく耳にしますが、必ずしもそうとは言いきれないと考えています。

子どもの性格や親子関係によって、最適な対応は変わってきます。自分の子どもはどうなんだと見極めることが一番大事ですね。

POINT

◎過去問は1年前から挑戦。内容は忘れるから気にしない
◎コピー作業より解く時間を大切にする
◎子どもの性格に合わせた褒め方・叱り方

オトクサ家の日常：追いついてきたと感じた12月

しばらく模試を受けていなかったこともあり、
1月のそっくり模試を楽しみにしていました。

第 **7** 章

「逆転合格」への道のり

「塾なし」「自走」の方法論が、
実際にどう成果につながったのか。
ブログでは書かなかった部分も含め
「逆転合格」までのリアルな道のりを
お伝えします。

「逆転合格」の定義とは

ここまで、オトクサ家の勉強法や家庭での取り組みについてお話ししてきました。長男は自走を続けてきましたが、「本当にこれで合格できるのか？」という不安は、最後まで消えることはありませんでした。

最後の章では、長い受験生活の集大成として、実際の受験当日から合格発表までの道のりを、できるだけそのままお話しします。受験をまだ経験されていない方にも、これから直面するであろう場面をイメージしていただき、お子さんへの声がけに役立てていただければと思います。特に、成績が伸び悩んでいる方、志望校との差を感じている方には、諦めないことの大切さを感じていただけるはずです。

開成中学校から合格の知らせを受けた時、多くの方から**「見事な逆転合格でしたね」**という言葉をいただきました。確かに、6年生の夏の模試では合格可能性20%だった学校に最後の最後で合格できたのですから、「逆転合格」と呼ばれても不思議ではありません。

「逆転合格」をネットで検索してみると、「わが家は逆転合格しました！」という合格体験記が目に入ってきます。そして、「まだまだ逆転合格できる！」といった塾や家庭教師の宣伝、さらには「逆転合格の幻想に惑わされるな！」という、なぜか怒り口調の塾や保護者の声まで、さまざまな反応があります。

そもそも、逆転合格の定義や基準はあるのでしょうか。たとえば、

- 直前模試の合格可能性20%からの第一志望合格
- 持ち偏差値より高い中学校への合格
- 偏差値50から70へ上昇しての合格
- 受験勉強開始が遅かった6年生からの第一志望合格
- 最後の最後での繰り上げ合格

塾や家庭教師の宣伝では「偏差値40から逆転合格！」「6年生からスタートで逆転合格！」といったパターンが多く見られます。また合格体験記では、「模試では不合格判定が続いたけれど、諦めずに勉強を続けて合格できました」という逆転合格のストーリーが目立ちます。

しかし、「偏差値60の生徒が、合格可能性20％の第一志望校に合格した」という話は、偏差値40の生徒にとっては順当合格にしか見えないでしょう。「偏差値50から70にアップして合格」という話も、その努力を知らない人にとっては、実力通りの合格としか感じられないかもしれません。

つまり、**「逆転合格」かどうかは、他人には判断しづらいものなのです。**だからこそ、受験生本人、保護者、塾の先生など、その子の中学受験に関わった人それぞれの主観で「逆転合格」と思えるなら、それは紛れもない「逆転合格」なのです。

成績が伸び悩んでいた時期、長男とこんな話をしました。**「逆転合格の奇跡を信じることも、奇跡を期待せずにコツコツ毎日がんばることも、両方大事なんだよ」**と。

受験本番までの成績推移

多くの受験生は、自身の「偏差値」がどれくらいかをすぐ答えられるでしょう。なぜなら、自身が所属している塾のテストが毎月あり、ほぼ同じ母集団での成績が定期的に更新されていくからです。「持ち偏差値は55だ」「偏差値58の壁がある」「志望校に偏差値が足りていない」こういった会話は、毎回異なる塾のテストを受験するため、実際の偏差値がつかみにくかったオトクサ家にとって、羨ましくもありました。

今はさまざまな塾の模試を受けさせているオトクサですが、勉強を開始した当初は、各塾がテストを開催していることすら知りませんでした。長男が初めて4大受験塾のオープン模試を受験したのは小学3年生の時でした。もちろん偏差値は50に届きませんでした。

「最初から成績が良かったんでしょ?」と思われている方がいるかもしれませんが、決して両手を上げて喜べるような成績ではありませんでした。小学4年生で受験した初めての志望校判定テストは、偏差値60に届いたとはいえ、開成中学校の合格判定は「D」でした。

〈単発模試〉

- 小学3年生6月　四谷大塚　リトルスクールオープンテスト　偏差値48.7
- 小学3年生8月　早稲田アカデミー　サマーチャレンジテスト　偏差値58.7
- 小学4年生8月　日能研　記述力模試　偏差値51.0
- 小学4年生1月　四谷大塚　志望校判定テスト　偏差値61.3　**開成D判定**

小学6年生になると四谷大塚の合不合判定テストに挑戦しました。受験者数約1万5千人のこのテストの最終回である第6回テスト当日には、「#最後の合不合」がXのトレンドとしてピックアップされるほど、多くの受験生や関係者の関心を集めました。

オトクサ長男は、夏休み明けの第3回で撃沈。リベンジをかけた第4回でも思うような成績が取れず、「開成中学の問題とは、出題形式が違う、難易度が違う。だからもう受けなくていいか」と長男に伝え、第5回第6回は受験せずに途中離脱しました。

それなのに、開成中学校を目指す子だけが受験するテストでも思うような成績は取れていませんでした。「開成」と名前がつく冠模試の中でも受験者数が多い、サピックスオープン、早稲田アカデミーNNテストの夏時点での成績は、いずれも合格可能性は20％。常識的に考えれば、「夏時点でこの成績なら、2月1日の受験校は変えた方がいい」という気持ちになるはずでしょう。

〈小学校6年生夏時点の開成テスト〉

- 早稲田アカデミーNN開成中オープン模試：487人中393位
  偏差値42．5
- サピックス開成オープン：1098人中931位
  偏差値40．3

※いずれも合格可能性20％

当時のブログでは「あかーん」と言いながらも、意外に冷静でした。順位や偏差値を見ると悪いですが、**点数差だけで見ると大した差はなく、各教科であと数問ずつ正解していれば平均には届くくらいの位置にいる**と感じたからです。加えて、その数問ずつ正解への道筋もはっきりと見えていました。

- 算数：長男の悪い癖である問題文の読み飛ばしや条件の勘違いにより、大問の最初の問題を間違えてしまうことで、関連するその後のすべての問題を間違えてしまうケースが多かった。
- 国語：開成中学校のテストはすべて記述式。1問あたり10点以上ある問題で、いかに部分点をとるか、つまりいかに必要な要素の書き洩らしを防ぐかへの対応が不十分だった。
- 理社：得意単元と苦手単元の差が大きく、特にライバルたちが確実に点数を伸ばす理科の生物・地学の暗記系、社会の白地図帳にあるような山川等の名称で大量失点していた。

このように、秋以降やるべきことが明確になっていたので「大丈夫、大丈夫、追いつくから」と、長男に声をかけていました。いや、長男以上に心配していた妻に声かけをしていたような気がします。

〈NNそっくりテスト〉

さきほど夏時点の第3回NN開成中オープン模試は合格可能性20%の不合格判定とお話ししましたが、9月の第4回は合格したものの、10月の第5回で再び不合格。そして、リベンジを誓った年内最後のNN開成中ファイナルは、まさかの体調不良による欠席となりました。

本人は悔しい思いをしたでしょうが、わが家にとっては、本番に向けた体調管理の大切さを改めて認識できた良い機会でした。この時は四男の嘔吐が家庭内に広がり、翌々日に長男も感染したからです。**きょうだいが多いということは、ライバルよりも風邪などの感染リスクを背負っているということ。**それを肝に銘じ、長男だけでなく家族全員の体調管理を徹底しました。

さて、小学6年生の春から年末まで計6回あったNN開成中オープン模試は誰でも受験できる無料模試です。でも、1月に塾生しか受験できない、早稲田アカデミー名物の「NNそっくりテスト」があるのですが、ご存じでしょうか？　私は、初めて受験したNNテストの保護者会でこの存在を知り、絶対に受けさせたいと思いました。

NNそっくりテストとは、次のようなものでした。

- 過去問ではない、早稲田アカデミーNNスタッフによる予想問題
- 1月という直前期でも、微調整ではなく最後まで攻めの5本勝負
- 同じ志望校を目指すライバルが、同じ校舎に集合
- 午前中にテスト、終了次第4教科すべての解説授業でその日のうちに問題解決
- その日のうちに合格判定つきのテスト結果が返却、成績上位者を表彰

オトクサ長男が「ほぼ塾なし」としているのは、この「NNそっくりテスト」を受験するため、早稲田アカデミーのNN開成コース（後期）に申し込んだからです。

第1回のそっくりテストは、2023年1月1日。テスト会場に向かう前に、オトクサ・妻・長男・次女の4人で開成中学校の真ん前にある神社へお参りに行きました。受験当日には子どもを見送った保護者が列をつくるこの神社ですが、この時はオトクサ家だけでした。

NN開成中ファイナルを不本意な形で棄権し、1度もテストがなかった12月を過ごした長男は、1月のこのそっくりテストを楽しみにしていました。年末の1か月間は、自分自身で満足できる勉強ができていたということでしょう。

18時、帰宅した長男が手にしていた成績表には、**「164人中12位　合格可能性80％」**と信じられない結果がありました。もちろん過去最高、初の80％獲得です。夏の時点では下から数えた方が早かったNN開成テスト。普段はクールな長男も、この時は喜びを隠しきれない様子でした。

NNそっくりテストの最終回は、受験本番3日前の1月29日。この日は外部会場で実施され、結果発表と決起会は保護者も参加できました。10位から名前を発表、毎度生徒たちは机をバンバン叩いてドラムロールを作ります。

「第3位、オトクサ長男！」

最後の成績は、まさかの「181人中3位」。名前を呼ばれた瞬間、妻は号泣しました。この日は合格祈願のダルマに片目を入れるということで上位3人が登壇。壇上には、常に早稲田アカデミーでトップを走り続けていた有名人、1月の灘中受験で最高得点を叩き出した有名人、そして8人きょうだいの長男が並びました。

「〇〇って、常にテストでトップのすごい奴がいる」「△△って奴が、灘中受験で最高得点だったらしい、すごいよね」。夕飯の時にいつも、すごい、すごいとまるで自分のことのように楽しそうに話していた、そんな子達と肩を並べることができた長男の姿を見て、妻は再び号泣しました。

壇上に向かう際に「オトクサー!!」と子ども達が叫び、「いつもブログで元気もらってます！」と私たち夫婦も保護者の方から声をかけられました。ある意味、長男も有名人だったのでしょう。

この決起会では、先生が1人ずつメッセージをくれるのですが、ある先生が受験生たちに「『順当合格』か『逆転合格』、自分はどっちだと思う?」と投げかけました。

長男は、どちらにも手を挙げませんでした。この時の好成績だけを見ると「順当合格」、でも受験生活全体を通じてこの4年間を振り返ると「逆転合格」。私もどちらとは言えませんでした。

オトクサ家の日常：成績を教えてくれない時

受験直前の1月からは、親もびっくりするほどの
好成績を取り続けました。

挑戦した5校とその合否

〈1月10日〉初戦は関東の王道「栄東中学校」

長男の中学受験初戦は、日本一の受験者数を誇る埼玉県の「栄東《さかえひがし》中学校」でした。

12月の上旬にWEBエントリーしたのですが「えっ？　もう終わり？」と不安になるくらい、簡単かつ一瞬のエントリーでした。

長男のエントリー写真は、自宅リビングの壁に立たせて携帯のカメラで撮影したものでした。一生に一度の中学受験だし、写真館で撮影することで気持ちを引き締める家庭もあると思いますが、もちろん合否には関係しませんので、特にこだわる必要はないでしょう。

栄東中学校は、受験説明会で出題範囲を詳しく開示してくれるということでも有名です。説明会は参加しませんでしたが、取り寄せした資料にも各教科のポイントが書かれていました。国語は○○をテーマにした文章、理科は○○の単元のようなイメージです。ただ、オトクサ家の場合は、長男に伝えるのはあえてやめておきました。第一志望の受験前に、山を張るという経験をさせたくなかったのが一番の理由です。後で知った妻からは、「そんな大事なことをなんで言わないんだ」と怒られましたが。

さて、当日の朝、栄東中学校に向かう道は駅から大混雑。ただ、毎年受験生の多い学校ならではのノウハウが確立されているのでしょう。学校に向かう列は整理され、何の不自由もなく、そして温かい気持ちで校門をくぐれました。

「受験生の皆さんへ　栄東を受験してくれてありがとうございます！」
「桜咲く4月にお会いしましょう！」

私自身の中学受験当日は、「さあ、オマエの実力を試してやろう」と恐ろしい声が校舎から聞こえるかのように緊張していた記憶なので、校門に張り出されたこのメッセージに、心を落ち着かせた親子は多いのではないでしょうか。

栄東中学校　結果…合格◯

パソコンでクリックすると結果が出るというあっけない合否通達。栄東は点数が開示されるのですが、社会が平均点に届かないなど本人の感覚とはかけ離れた点数だったため、合格の喜びと今後の不安が入り混じった合格発表となりました。

〈1月14日・15日〉「算数最高峰」の呼び声高い「灘中学校」

灘中学の試験は2日間に及びます。

1日目：国語（知識系中心）　算数（1問1答式約13問）　理科（計算の構成比大）
2日目：国語（文章読解・記述）　算数（大問5問の記述式）

社会はなく、国語と算数は両日で問われる内容がまったく異なるという、灘中ならではの科目構成です。

もともとは、算数の力をつけるために始めた灘中の勉強でした。浜学園や馬渕教室の灘中対策算数プリントへの取り組み、灘中模試の受験回数を重ねるにつれ、算数最高峰と言われる灘中へチャレンジしたいという長男自身の気持ちも大きくなっていったのでしょう。本人は、灘に合格して、大阪のオトクサ実家でおじいちゃんおばあちゃんと一緒に住む妄想までしていました。

試験前日には到着し、2人で神戸牛を食べた後に灘中までの道のりを下見。夕方には温泉に入り、早稲田アカデミーがホテルで開催する灘中対策講座に出席した長男は、終了次第すぐに眠りにつきました。翌朝の受験本番1日目は一人で目覚ましをかけて6時に起き、計算と語句の勉強。受験本番でも朝勉をする長男に感心しました。

1日目の朝、灘中に向かう雨上がりの石畳の道。家族がビデオ電話で応援してくれました。これまでのがんばりを思い返し、涙を流しながら応援するいつも通りの妻の周りで、うるさく「どこ？」「がんばれー！」と騒ぐ携帯画面の中のきょうだいたち。でも、次男だけは違いました。きょうだいの中では一番近くで、長男のがんばりを見ていたからでしょう。灘中に挑むお兄ちゃんの姿に自然と涙を流していました。

握手をして、校門で長男を見送りました。大家族ならではかもしれませんが、親子2人だけで過ごしたこの灘中受験の数日間は、オトクサの中では最も記憶に残る中学受験の思い出です。

2日間を終えた長男の手応えはあり。正月は長男だけ帰省しなかったため、午後は大阪の実家へ。この日は、ほんの少しの達成感とともに1月で唯一勉強しない午後を楽しく過ごしました。

灘中学校　結果…不合格×

結果は15点差。500点満点中合格最低点316点に対し、301点。すべての教科で本人の感触より10~20点も低かったのです。そして、模試や過去問よりも低かった。本人は恐らく合格しているだろうと思っていたので、ショックは大きかったようです。ただ、この悔しい経験がさらに長男の気持ちのギアを一段階上げることになりました。合格・不合格関係なく、この数日の経験は、自宅で勉強するよりもはるかに子どもの成長につながったと確信しています。

「安心するためにも確実に合格する前受け校を受験しましょう」と塾の先生からアドバイスがあるかもしれませんが、第一志望の受験前に大きな壁に挑戦することが奏功する長男のような子どももいるのは事実なので、**保護者にしかわからない子どもの最適な挑戦を見極めることが大事**ですね。

オトクサ家の日常：灘中入試当日のスピンオフ

ずっと近くで兄のがんばりを見ていた次男。
応援の気持ちから涙があふれました。

〈2月1日〉四年間目指した第一志望「開成中学校」

体調万全の朝を迎え、笑顔で送り出すことができた。これだけで十分だと当日は本当に思うことができました。

「子どもを見送る直前、どういう言葉を伝えるか」受験直前になると多くの家庭がこのことを考えます。長い受験勉強を乗り越えた子どもに対し、応援よりも賞賛、いや感謝の言葉を伝える家庭が多いかもしれません。オトクサ夫婦間では、直前の成績が良かったこともあり、変なプレッシャーにならないように2月1日は特別な言葉は伝えず、いつも通りに見送ることを決めました。

2023年は校舎の建て替え工事中ということもあり、運動場に親子で並んで列をつくり、運動場の途中からは受験生が一人で校舎に向かって歩き進めるという入場方式でした。想像できるでしょうか。長い受験生活を一緒にがんばってきた息子が、一人で胸を張って歩いていく後ろ姿を。子どもの影が校舎の奥に消えるまで見送る保護者の姿を横目に、オトクサもさあ見送ろうと振り返ると、「がんばってね、大好きだよ」と開成の「ペンと剣」の校章を刺繍した手作りのお守りを長男に手渡しながら号泣している妻の姿が目に入りました。特別なことをしないというあの約束は何だったのか……。

終了後、いつも通り澄ました感じで戻ってきた長男の一言目は「簡単だった」でした。その言葉のおかげで安堵と期待に満ちた帰り道となったのは言うまでもありません。ただ、SNSに溢れた「今年の開成中学校の入試問題は算数・理科とも超簡単だった」の声により、当日の夜には不安な気持ちへと反転しました。なぜなら、お話しした通り、長男はケアレスミスが多く、平均点が高いテストほどミスの影響で順位が悪く、平均点が低い難しいテストほど順位が良いという傾向があったためです。

開成中学校の合格発表は、「2月3日」。2日と3日に残っている受験への影響を考え、その不安は口に出さないようにしました。

〈2月2日〉 共学最難校の一つ「渋谷教育学園渋谷中学校」

前日と雰囲気ががらりと変わりました。第一志望と第二志望で、本人の気合いもやはり変わるものなのか。いや違う、これは男子校と共学校の違い。女子がいるだけで全然違う。教室に向かう姿勢が違う。女子を意識している。

辛うじて「がんばって！」という言葉だけを伝えられたくらい、颯爽と校舎に向かって歩いていました。

模試の成績も、過去問の成績も問題はなし。自信を持って受験に挑んだ長男は、その自信を確信に変えた顔で戻ってきました。

自宅に帰ってからは、翌日受験する筑波大学附属駒場中学校の過去問に取り組みました。一年前の過去問は、この日まで手をつけないでとっておいたのです。「こうやって勉強をするのも今日で最後か」。明日のテストがんばれという気持ちよりも、寂しさを抱きながら最後の丸つけをしました。

渋渋の合格発表は、翌日「2月3日」。WEB上でも発表されるけれど、長男が受けた5校で唯一、学校内に合格受験番号が張り出される中学校です。本人の「見に行きたい」、オトクサの「見に行こう」、どちらの声もないまま、暗黙の了解で現地で合格の瞬間を味わうんだという空気になっていました。

〈2月3日〉トラブル発生「筑波大学附属駒場中学校」

「受験本番で電車乗り間違えることなんてある?」「受験票忘れることなんてある?」合格体験記でよく見るこういったエピソードは、盛り上げるためのウソでしょ?と常々疑っていた私は、この日を境に受験失敗エピソードはすべて信用するように変わりました。

初めて乗る京王井の頭線。見慣れない駅名。電車内の線路図を見上げていたにもかかわらず、数駅間は逆方向に進んでいることに気づきませんでした。なんとか時間通りには到着して、受験生の列に並ぶと「ん? 他の子たち、受験票の他に何か持ってない?」と気づく長男。どうやら、健康カードなるものをダウンロードして当日持参しなければならなかったようでした。急いで事務所へ向かい、忘れたことをお詫びし、なんとか受験することができました。

2月3日の受験校だけは直前まで悩みました。自宅からの通いやすさを重視した合格可能性の高い学校も検討したのですが、長男からの「筑駒に挑戦したい」という言葉で決めました。合格できる・できないでなく、この4年間の勉強の成果を出し切れる相手が筑駒だったのでしょう。

長男が最後の受験をしている間、オトクサにはミッションがありました。長男が受験勉強を無事に乗り切ったご褒美に携帯電話を購入することです。

筑駒の試験を終え、いつも通り澄ました顔で出てきた長男。試験の感想は聞かず、4年間の感謝とともに、携帯電話をプレゼントしました。

渋渋と開成、運命の合格発表

そんなオトクサ家の周りでは、ちらほらと歓喜の声が上がっていました。そう、開成中学校の合格発表の直後だったからです。保護者が確認して、子どもに伝える家庭も意外に多いのですね。オトクサ家は、受験した5校すべての合格発表を最初に長男に確認させました。

この2月3日も決めていました。渋谷に移動し、渋渋の体育館に張り出された合格番号を確認する、その後、渋渋の前にあるベンチで開成の合格番号をWEBで確認することを。

渋谷教育学園渋谷中学校　結果　…　合格◯

自信はあったと思う。でも実際に合格番号の中に長男の受験番号を見つけると、それまでの自信は強がりだったと気づきました。隣で妻号泣。これで何回目でしょう。そして、事務所で入学手続きの書類を受け取り、学校の前にあるベンチへ移動。2月の寒空の中、長男がこの日手にした新しい携帯電話で合格発表を確認しました。初めて検索したワードは【開成中学】。合格発表は、WEB上で合格者の受験番号が表示される形式。長男の受験番号は、〝888〟。開成中学校への出願を終え、通知された受験番号を見た時は小躍りしました。8人きょうだいのわが家にとって、人一倍縁起のいいはずの受験番号だったからです。しかし、

開成中学校　結果　…　不合格×

〝888〟はそこにはありませんでした。長男が、オトクサ家が、4年間目指した開成中学校への挑戦は不合格でした。不思議と、無意識に「よくがんばった！」と声が出ていましたが、その直後には、渋渋合格の喜びをたった5分しか味わわせてあげられなかった後悔から「ごめんな」という言葉も口にしていました。

何となく感じていた嫌な予感が的中してしまったのです。ここ数年間と比較して圧倒的に高い合格最低点となった2023年の問題難易度は、ミスが多い長男には不利に働いたのでしょう。でもこれが実力。悔しいけど、本人も納得したようです。

明るく振る舞いながらも落ち込みを隠しきれない両親を励ますかのように、一番落ち込んでいるはずの長男が言いました。「小学校に行って、先生に報告してくる！開成は不合格だったけど、渋渋は合格したよ、すごいでしょって言ってくるよ」と。

この日、2か月間きょうだい全員で我慢していたゲーム（SWITCH）がようやく解禁となりました。長男が大好きなゲームですが、この日だけは手に入れた新品の携帯電話に夢中でした。

〈2月5日〉人生で一番泣いた日

15時に筑駒の合格発表と伝えているのに、久しぶりに遊ぶ同級生との時間が楽しすぎたのか、通学しやすい渋渋がいいと心の中では決めていたのか、発表直前まで帰ってきませんでした。

筑駒もWEB上に合格者の受験番号が表示される形式です。そっくり筑駒テストでは、2日連続で奇跡の1位を獲得したし、前日の過去問も十分な点数が取れていた。大丈夫。それなのに……。

筑波大学附属駒場中学校　結果……不合格　×

筑駒も不合格。無謀にも塾なしで挑んだ「灘・開成・筑駒」の最難関は、いずれも力及びませんでした。ただ、この日は2月3日の開成不合格とは異なり、なぜか清々しく、これで長男の中学受験がすべて終わったのだと、達成感すらありました。オトクサ家では、開成中学校が圧倒的な第一志望であったこと、そして渋渋の通学に向けて色々調べ、楽しい学園生活を想像していたからでしょうか。

不合格を確認し、妻はすぐに渋渋へ入学金を支払いを済ませました。

ふと見ると、妻の心がこもった開成受験の日のお守りがリビングに転がっていました。お守りを拾い上げ、壁にかかるカレンダーのピンにぶら下げた、その時でした。

03から始まる見知らぬ番号からの着信。高鳴る胸の鼓動。

「開成学園の〇〇です」

もちろん話には聞いたことがあるけれど、まったく想像も期待もしていなかった「繰り上げ合格」の連絡が開成中学校からあったのです。

まさか自分がこんなに涙を流すとは思いませんでした。それまでに何度も見た妻の号泣を上回る涙の量だったはずです。

長男がいつもより長めのお風呂だったのは、一人で喜びを噛みしめていたからなのでしょう。風呂場からは、当時、家族全員が口ずさんでいた、ドラマ『二月の勝者』の主題歌であるＤＩＳＨ//の「沈丁花」が聞こえてきました。

「『順当合格』か『逆転合格』、どっちだと思う？」

いま、あの質問をされたら迷わず回答するでしょう。

「わが家の中学受験は『逆転合格』でした」

と。

開成中学校　結果……繰り上げ合格◎

オトクサ家の日常：願いを込めた手作りのお守り

開成の「ペンと剣」の校章を刺繍した手作りのお守り。

おわりに

「親がラクしたい」という気持ちから始まった通塾なしでの挑戦は、中学受験における「親が大変なのは当たり前だ」という風潮に、少しは風穴を開けることができたのかもしれません。

受験生が中心の生活となることによって生じる余計な家事や送迎などの肉体的な負担、毎月の成績アップダウンで起こるクラス昇降や友人比較などの精神的な負担、そして通塾に伴う金銭的な負担。幸いなことにいずれの負担にも悩むことはなく、中学受験を乗り切ることができました。

ただし、今挙げた通塾なしの挑戦は、中学受験におけるデメリットの解消でしかありません。本当に伝えたいのは、「親がラクしたい」を体現した「子どもの自走」は、中学受験合格を目指すための理想的な勉強法という意味だけではなく、子育てにおいても予想外の大きな価値を生み出したという事実です。

ひとつは、**小学生には難しいと断言していた主体性が、育まれてきたことです。**

開成中学校への入学以降、長男は定期テストや各種イベントに向けた取り組みのスケジュール化を自分で行うようになりました。毎日のように夜中まで携帯電話やゲームで遊んでいても、6時からの朝勉を継続しているのは、習慣化の延長ではなく本人の意思なのでしょう。

全力投球している部活では、もっと上達するためにクラブチームを自身で探し、月謝を払って欲しいとお願いしてきたり、学校の課題を最大限意味があることに昇華させるために親に協力をお願いしてきたり、とにかくすべてを自分自身で考えるようになったのは自主性から主体性に変わった、成長した証だと喜んでいます。

もうひとつは、**子どもに対する期待と信頼が夫婦の中で強固になった**ということです。

「中学受験はゴールではなく通過点だ！」

よく目にするこの言葉。思うような結果にならなかった場合の、受験生に対するフォローの要素があり「大学受験が勝負だ」「中学受験で人生は決まらない」などとセットで語られることも多くあります。

一方で、たとえ難関校へ合格したとしても、「満足するな」「勉強し続けなければ意味がない」「そこからダメになる例もある」と、中学受験自体を揶揄するような意味で使われていることもあるのでしょうか。

「中学受験がゴール！」

オトクサ家では、結果に関係なく、中学生になったら親が子どもの勉強に関わるのはやめると決めていました。実際に、中学校入学以降は長男と授業や成績について話すことはほぼありませんし、定期テストのプリントは見たことすらありません。それでも何の不安も不満もないのは、**「自分で道を切り拓いて欲しい」という期待、そして「その道は恐らく正しいのだろう」という信頼が、中学受験を通じて強固になったからでしょう。**

中学受験を経験した保護者の中には、燃え尽き症候群や中学受験ロスになる方もいるようですが、オトクサ家では、すぐに弟達の中学受験に切り替わりました。**まもなく小学6年生を迎える次男は、本書でお話ししたステップを確実にこなし、既に自走が始まっています。**ひとつ年下の三男は、まだまだ走り方を一緒に覚えているところです。

この二人の強みは、長男が中学受験に向き合う姿勢を近くで見られたこと、そしてがんばったその先にある最高の中学生生活を現在見ていることです。

もし末っ子の次女が中学受験をするのであれば、あと10年、合計で16年間も受験生パパをやる可能性がありますね。きょうだい全員の中学受験が終わるその時、中学受験ロスになるでしょうか。いや、長男の成長を実感した今、楽しみしかありません。

さて、オトクサ家の体験はいかがでしたでしょうか？　皆さんのお子さんの受験のヒントになる新しい視点や具体的な方法はあったでしょうか？　中学受験やお子さんとの向き合い方を考えるきっかけになったと、1人でも多くの方に思っていただけたのなら嬉しいです。

最後に、この本を執筆するにあたり、マンガ・イラストの原案を描くだけでなく、原稿の内容についてもアドバイスとエールをくれた妻には感謝しかありません。ありがとう。

2025年2月　オトクサ

通塾なしで開成合格!

中学受験おうち勉強法

発行日　2025年2月21日　第1刷
　　　　2025年3月5日　第2刷

Author　オトクサ
Illustrator　小日向えびこ
Book Designer　小口翔平＋畑中茜(tobufune)、本文：市川さつき

Publication　株式会社ディスカヴァー・トゥエンティワン
〒102-0093　東京都千代田区平河町2-16-1 平河町森タワー11F
TEL　03-3237-8321(代表) 03-3237-8345(営業)
FAX　03-3237-8323
https://d21.co.jp/

Publisher　谷口奈緒美
Editor　榎本明日香

Store Sales Company
佐藤昌幸　蛯原昇　古矢薫　磯部隆　北野風生　松ノ下直輝
山田諭志　鈴木雄大　小山怜那　藤井多穂子　町田加奈子

Online Store Company
飯田智樹　庄司知世　杉田彰子　森谷真一　青木翔平　阿知波淳平
大﨑双葉　近江花渚　徳間凜太郎　廣内悠理　三輪真也　八木眸
安室舜介　古川菜津子　高原未来子　千葉潤子　川西未恵
金野美穂　松浦麻恵

Publishing Company
大山聡子　大竹朝子　藤田浩芳　三谷祐一　千葉正幸　中島俊平
伊東佑真　榎本明日香　大田原恵美　小石亜季　舘瑞恵
西川なつか　野﨑竜海　野中保奈美　野村美空　橋本莉奈　林秀樹
原典宏　村尾純司　元木優子　安永姫菜　浅野目七重
厚見アレックス太郎　神日登美　小林亜由美　陳玟萱　波塚みなみ
林佳菜

Digital Solution Company
小野航平　馮東平　宇賀神実　津野主揮　林秀規

Headquarters
川島理　小関勝則　田中亜紀　山中麻吏　井上竜之介　奥田千晶
小田木もも　佐藤淳基　福永友紀　俵敬子　三上和雄　石橋佐知子
伊藤香　伊藤由美　鈴木洋子　照島さくら　福田章平　藤井かおり
丸山香織

Proofreader　株式会社鷗来堂
DTP　株式会社RUHIA
Printing　中央精版印刷株式会社

ISBN978-4-7993-3122-4
TSUJUKU NASHI DE KAISEI GOKAKU! CHUGAKU JUKEN OUCHI BENKYOHO
by Otokusa